Spiritual Culture
青心文化

张立文 著

我们如何去生活

青心·明见

中国青年出版社

目 录

序　言　和合为人类寻求安身立命之道　/ 001

第一章　人的自我发现：认识你自己　/ 001
　　打开自己：我是谁？我该成为谁？　/ 003
　　人，生存这回事　/ 014

第二章　人的自我塑造：我该"身"处何处　/ 039
　　人生的真正完满在于男女的和合　/ 041
　　何为人生？　/ 047
　　如何在日常生活中出场　/ 060

第三章　怎样去正确地对待婚姻和家庭　/ 075
　　何谓婚姻？传统经典的定义　/ 077
　　古代中国不主张独男、独女　/ 080
　　什么才是好的婚姻观　/ 084
　　一团和气：家庭的幸福密码　/ 092

第四章　**人的自我实现：破碎心灵的治疗**　/ 105

　　什么叫"心灵"　/ 107
　　现代人心灵的冲突和病症　/ 111
　　心灵病痛的根源及疗法　/ 116
　　如何化解心灵危机　/ 127
　　心灵的归宿和安顿　/ 146

第五章　**身心苦旅：和合养生之法**　/ 151

　　养心，养德，养乐，和合　/ 153
　　养生之道，不外清心寡欲　/ 164
　　和合养生十二式　/ 172

第六章　**传统和合智慧：为人之道**　/ 183

　　传统文化中的七种人生观　/ 185
　　人生观的自我创造　/ 188
　　人生五大自由境界　/ 201
　　成为优美型的人　/ 214

第七章 和合之道，生生之途 /223

  认识自己，认识生活 /225

  体悟生命，提升境界 /232

  和合之路，生生之途 /239

附 录 和合箴言 /243

  "自我"之问 /243

  "心"的智慧 /247

  "爱"的本质 /251

  选择何种活法 /255

序 言

和合为人类寻求安身立命之道

人类的进步不应以毁灭自己为代价,而应在保存自己、使自己生存得更好的前提下求进步、求发展。这样,人类最佳选择是返回自身,从"人是会自我创造的和合存在"中吸取力量和资源。和合可以说是中国文化当中较为普遍信仰的非常重要的一种思想。和合究竟是什么意思呢?我们还需要进一步来探讨。

"和合"这个词在春秋战国时期就有了,但是作为一种学术理论思维体系,古代没有。我在和合学视野下,给和合学下的定义是:自然、社会、人际、心灵和文明中诸多形相、无形相相冲突、融合,与在冲突、融合的动态变化过程中诸多形相、无形相和合为新结构方式、新事物、新生命的总和。《周易》上说:"天地氤氲,万物化醇;男女构精,万物化生。""近取诸身,远取诸物。"夫妇之间是很近的关系,"远取诸物"的远是天地万物。男女结为夫妻,然后有了孩子。天是父，地是母，一个阴一个阳，一个乾一个坤，都是对立的，是不同的，是有矛盾的。然后相互融合、孕育，产生一个"新生儿"。"和合"就是有冲突有融合，得到新生儿的过程。中国思想怎样讲和合？是指多元形相、无形相的相和合，即相反相成的冲突融合。按西方的观点，矛盾的是不能相成的，是对立的，在这点上中国哲学与西方哲学是有差异的。所以我们说，"和合学"是讲人与社会、自然、人际、心灵和文明之间产生冲突，在这种冲突、融合的动态构成中，和合为新的事物。

我们也可以从"和合"这两个字说起。"和"这个字，我们现在来看是禾旁一个口，如果从古代的字典，比如《说文解字》，或者《康熙字典》来看，都是从口旁，口旁一个禾。禾就是稻谷粮食，那就是说人要吃饭的。如果人不吃饭，饿肚子的话，是会死的。所以说人首先要有饭吃，"民以食为天"，这样社会才能安定。

和合的"合"是什么意思呢？一人一个口，每个人都要有饭吃。那就是说如果每个人都有饭吃的话，社会就安定了。所以我们过去亲戚同学朋友一见面，打招呼的话，就是"你吃饭了没有？"现在你们年轻人饿不着，不知道肚子饿得难受，也不讲这个话了，但是我们过去都讲"你吃饭了没有"，就是说吃饭是很重要的，没有饭吃这个社会就会发生动乱，中国古代之所以改朝换代，之所以农民暴动，就是因为饥荒，没有饭吃啊！之所以说"民以食为天"，民若无食，这个天就要变。

按照字的象形来求索字的最原始的意蕴，是能揭示其本义的。后来汉许慎的《说文解字》训："和，相应也，从口，禾声。"虽为形声字，却依"龢"来释和，指声音相和，已与和的本旨有异。和合的"合"字，《说文解字》训："合，合口也，从人，从口。"口的一张一合，是吃食物的状态。和合在本字字义上可互训互释，互相圆通。两字组合，成为一个范畴。

因此，天地间一切现象的背后都蕴含着和合，在和合的视野下，自然、社会、人际、心灵、文明蕴含和合，和合是各生命形相的创生、发展、整合而融突成整体的过程，是对和合经验的和合反思。在一定程度上，"和合学"就是研究怎样化解人类面临的五大危机和冲突的，从而为人类寻求安身立命之道。

第一是人与自然的冲突。比如环境污染，现在的环境污染不仅影响到了我们的身体健康，而且阻碍了我们的经济建设和文化建设，于是产生了生态危机。

第二是人与社会的冲突。不管在国内还是在国外都存在着一系列社会问题，比如说贫富不均、战争、动乱、恐怖活动等等，这些问题都非常严重，直接威胁人们生命财产的安全，带来了社会危机。

第三是人与人之间的冲突，带来道德危机。

第四是人类心灵的冲突。每个人都承受巨大的压力，于是我们感到苦闷、忧愁、焦虑。当下，我们很多人心灵上没有寄托，人的灵魂是漂泊无依的，是"游魂野鬼"，没有落脚的地方，这就导致了精神上和信仰上的危机。

第五是文明的危机。文明的冲突是存在的，因为各大文明的信仰、思维方式和价值观念不同，所信奉宗教的教主、经典、教义、教仪、教规和教团体系也不同，它们之间必然有矛盾和差异，这就是我们说的文明价值的危机。

现代文明的发展，给人们提出了一系列关于安身立命的问题。紧张、焦虑、忧郁、死亡……客观地摆在人们的面前，物质的满足与精神的贫乏，道德的迷失与意义的危机，如一条条阴影缠绕在人的头上。在当今科学技术不可能完全解决人生问题之际，和合学责无旁贷地肩负了这一课题。

关注人生，塑造健全人格，无疑是和合学的鹄的。人是历史活动的主体，是能动的、创造的主体。和合学给人生这一理性存在物以关切，不是意味着要沦为某种现世的人生哲学或修身训诫。人生的有限与无限、忧与乐、爱与恨、成与败……总给人以无尽的哲理沉思。健全人格的总的样态是时代主体精神的基本存在方式和总体形态。所以和合学内在地体现这一方面，亦就体现了当代人生存状态的基本方面。人生是主体生存样态，又是文化人文精神的个体要素，和合学的描述为此提供了方向。

人对人生目的、意义及人际关系的看法，便体现了一种伦理精神。它在一定的社会历史条件下统括着占主导地位的人的主体性关怀的终极问题。人的现代化问题，体现在主体终极关怀的意义问题上，就是伦理精神的现代化问题。现代伦理精神的建立对人的现代化的思考具有实践的优先性。和合学以其理性的哲学批判精神,通过对终极关怀的设定和人生价值的思考,为现代伦理精神的重建设计了一种令人充满希望的前景。

中国文化走向世界,光喊口号,于事无补。任何一种文化走向世界,它能否为世界所承认并乐意将之融入本国、本民族的文化中,取决于自己的文化实力。文化实力强的判断标准是,在现代它能否为人类所面临的共同问题,提供化解之道。和合学的宗旨,便是依据对人类文化新世纪发展前景的战略预见,建构和合学的和合结构系统,作为和合学立论的主体和骨架。和合学彰显了中华文化的无限实力。

哲学是爱智之学,它的本质在于寻求爱智。因此,哲学总意味着"在途中",和合学亦是"在途中",它是一种生生不息之途!

第一章

人的自我发现：认识你自己

人的意义的追寻,是一种明己之学。唯有"君子终日乾乾,夕惕若厉,无咎",才能发挥人生价值意义的正能量,达到知天命,而进入从心所欲的自由之境。

打开自己：我是谁？我该成为谁？

人是会自我创造的

人是什么？一切问题都会最终落实到人上，不管是武装冲突还是其他问题，都是人的问题。其实人从诞生那天起，就在探讨自身的问题。从最初的智人到现在也有几十万年了，但直到现在，人还是没有认识完自己，所以人实际上是个谜。古希腊神话中有个斯芬克斯，他坐在悬崖上，让每个经过的人猜一个谜：什么东西早上四条腿，中午两条腿，晚上三条腿？如果猜不出来就要杀死他。你们想想，是什么？后来俄狄浦斯猜出来了，是人。早上是小孩地上爬，四只脚；中午的时候是成人，两只脚走路；到晚上的时候是老年人，拄着个拐杖变成三只脚。

人本身是个谜，我们现在还是在猜这个谜。古希腊德尔斐神庙铭刻着"认识你自己"格言，我们现在认识了我们自己吗？人究竟是什么？人既是动物，又不是动物。古希腊德谟克利特说："动物只要求它所必需的东西，人则要超过这个。"这种"超过"的意识是人的自我意识的萌芽，即亚当和夏娃吃了智慧树上的果实，有了人的智慧。亚里士多德说："人类所不同于其他动物的特性就在于他对善恶和是否合乎正义，以及其他类似的观念的辨识。"基于这种辨认，他证明了人是"政治的动物""社会的动物"，使人在欧洲历史上真正超越了动物，揭示了人与动物的区别是由于理性和社会政治，有了人之所以为人的觉醒。

中世纪欧洲神学家奥古斯丁、安瑟伦、托马斯·阿奎那等，认为"天主创造一切"，信仰和启示高于理性。由于人类始祖犯了天条，他们的子子孙孙生来就有罪而需要赎罪，才能重返天堂。欧洲文艺复兴人文主义者反对以神为中心，把人从神学的奴役下解放出来，提倡人的尊严和自由。从海德格尔"人是会言语的动物"到卡西尔"人是符号动物"，西方哲学家对于人的探索一直从未间断。"认识你自己"，这是一个永恒的课题。

中华民族是一个"天地之性，人为贵"的民族，对于人的求索和人的自我发现，以及对人的性质、特征、作用有充分的体认。先秦时提出"人是二足无毛"的动物，这与亚里士多德的"人是两足的动物"有异曲同工之妙。荀子认为，"人之所以为人者，非特以其二足而无毛也，以其有辨也。"王充认为，人是万物中有智慧者。《无能子》认为人是有智虑语言的动物。荀子还认为人是能群的社会的动物。墨子认为人是能劳动的动物。孔子等认为人是有道德理性的动物。赡养父母，禽兽也能做到，人不仅能赡养父母，而且能尊敬父母。"恻隐、羞恶、恭敬、是非，惟人有之，而禽兽所无也"，王夫之凸显人的道德理性。

人与动物的区别就在于理性，人是理性的动物。以前我把人定义为"会自我创造的动物"。后来我在国外讲演时，有人提出来"就不要讲动物了，以与过去区别"。于是我就把它改成："人是会自我创造的和合存在。"如果石油枯竭了，人会创造出另外一种代替的能源来。这就表明，人是会自我创造的，人类最重要的特性就是会自我创造。

人为什么活着

人为什么活着？中国古代的鲁褒写过一篇文章，叫《钱神论》。中国古代的钱外形是圆的，中间有方孔，什么意思呢？代表天圆地方。钱也被称为"孔方兄"，很多人拜倒在"孔方兄"的脚下，就是指对钱的崇拜，拜金主义。有人为了金钱活着，有人为了酒色活着，有人为了名利活着，有各种各样的活法。人应怎样对待生活？应该怎么活着？这是人应思考的问题。年轻人应该想一想，我们这辈子活着为了什么？我们应该有什么样的理想？我们应该认识到人的价值，这就是"和合学"中的和合意义世界。

人的一生有肉体价值，有道德价值、思想价值、功业价值、荣誉价值等。《左传》中说："太上有立德，其次有立功，其次有立言，虽久不废，此之谓不朽。"人活不了一千岁，肉体是会腐朽的，但是人的精神、言论就像孔子的《论语》一样是"虽久不废"，是永恒的。孔子虽然已死去两千多年，但他仍然活在我们心中，道德模范、战斗英雄的高尚品德也是值得我们学习的。人活着就应该追求这样的价值，我认为这才是值得我们追求的。我们不应该执着于一时的享受，一时的愉悦，一时的金钱。

人很有意思，人生出来，一丝不挂，死后化为一坛骨灰，什么也带不走。想想一些地方的高官有房屋几十套，若住的话，最多一套200平方米就够了。地下皇陵中的兵马俑、金银珠宝皇帝还用得着吗？相反招来盗墓者，抛骨露尸。想想中国十几亿人口，名字被记得的有多少？那么多皇帝宰相、尚书你记得的有几个？现在当部长的，死了以后还有谁知道你呢？年轻人要追求自己的人生价值，应该追求一些永恒的东西，值得后人研究的东西。做学者写出不朽的著作，比如老子、孔子、孟子、庄子，他们是不朽的，值得大家研究纪念的。现在我们研究冯友兰、牟宗三是因为他们立言了，他们留在我们心里了。就算做了大官，贪了很多钱，有什么用。邵逸夫是很有头脑的，他为大陆大学捐建图书馆，莘莘学子要进出图书馆看书，就记住了他。1984年我在香港中文大学新亚书院哲学系讲学，当时中文大学有新亚书院、崇基书院、联合书院，现在增加了一个逸夫书院。邵逸夫的名字就留下来，人们就记住他为教育事业做出了贡献。

人生在世，不仅要有和合生存世界，还要追求和合意义世界,实现人生价值。当然也要有人生的理想,这就是和合学的和合可能世界。法国哲学家德里达说过"人要学会生活"。我在一次开学演讲中曾说过:人首先"要学会做人",如果学不会做人,梦想是实现不了的;即使实现了,也会破灭。

譬如你的理想是做部长,即使实现了,假如犯了罪,你的梦想也会破灭。有些人已经做了院士,可是还抄袭别人文章,身败名裂。所以首先就要学会做人。人应该有理想,有奋斗目标,这是动力、生命力的所在。因为有了理想,你就会朝着你的理想去努力、去奋斗。

人从何来,死向何去

和合可能世界也就是理想世界,就是终极关怀的问题。简单来说就是"人从何来,死向何去"的终极问题,即人死了去哪?这是每个人都应该考虑的问题。每个人生下来就面对死亡。死亡是必然的,人生就是一步一步走向死亡的路程。从历史长河中来看,人活百岁也不过刹那。人在这样短的时间内,怎样实现自己的价值,怎样实现自己的理想,怎样让自己生活得幸福?

首先，人作为人而生存的权利，是人之为人的价值和意义；若人之非人，亦就无所谓价值和意义可讲。这包括两方面的意思：

一是人作为生命体而存在的基本生存权利，不可任人宰割。如孔子的"己欲立而立人，己欲达而达人"，便是以把人当人看为前提，而尊重人、满足人、奉献人。二是人作为社会交往活动的人，而具有人格尊严。人之所以具有人格尊严，是因为人异于动物。《孝经》载："天地之性，人为贵。"此"性"，宋代邢昺疏曰："生也，言天地之所生，唯人最贵也。"与天地世界的水火、草木、禽兽相比较，人是最宝贵、最有价值的。

人生是社会的人生，是社会生命存在的形式。个人在满足自己需要时，必须通过自己的创造活动，而实现其价值和意义。这个实现价值和意义的过程，就是个人奉献社会、创造和充实社会客体对象的过程。一般来说，个人愈得到社会、他人的需要，愈有能力满足这些需要，个人的社会交往活动就愈能够对社会产生效果，就愈发感觉到个人生命的意义和价值。

个人满足社会需要的程度、分量以及正负，都是有差分的，因而，个人的社会价值也是有分殊的。《左传》载叔孙豹讲"三不朽"。即"立德""立功""立言"，便是指人满足社会的不同需要所获得肯定意义和价值。宋明理学家在肯定"三立"的人生意义和价值同时，探讨了如何才能实现人的社会意义和价值。陆九渊说：

> 人生天地之间，禀阴阳之和，抱五行之秀，其为贵孰得而加焉。使能因其本然，全其固有，则所谓贵者，固自有之，自知之，自享之，而奚以圣人之言为？（《天地之性人为贵论》）

天地间的生命，唯人最珍贵。作为万物之灵的人，具有人生意义和价值的"自知""自享""自有"的自觉意识。这种自觉意识正是人生意义和价值获得的内驱力或原动力。人生是指人的生命世界（生命）、生存状态（生活）和生存意义的总和。这三个方面是相互联系的。人的生命世界是生活现象之本；生活状态是生命存在的方式；生命、生活是生存意义的基础，生存意义为生命、生活之方向。

人的生活意义，是指人的生活状态满足自我生活的需要，即人对自我生活情境是持肯定或否定的评价，也就是有无意义。人的生活意义问题，包括生活之方向，即对自我生活未来目标的憧憬。但未来生活有什么意义，是基于对现实生活的评价、生活感受和生活态度。

人追求人生意义，是因为人自觉到人的生命对于每个人来说，不但只有一次，即一次性的，而且是短暂的，即要死亡的。人的生命的一次性、短暂性，构成了死亡的逼迫性。逼迫人去思考："人为什么活着？活着为了什么？"不断追求人生的意义和价值。每一次这种追求，都是人的思想境界的一次提升，也是人生意义和价值的一次体验。

人生的意义和价值，就在于人的创造性的活动，无创造性的活动，就失去了人生意义和价值的灵魂。人的创造性活动，使人的生与死都充满了意义，即人们口头上所说的"生的伟大，死的光荣"。生命就在于创造，由于创造，才能建立"三不朽"的事功，获得生命的意义和价值；只有获得生的真正意义和价值，死才具有意义和价值。这便从有限生命转变为无限的生命，虽死犹生。

| 生生哲语 |

生死一如

生命对于人来说是宝贵的，人要在有限的自然生命大限之内，实现人作为人的价值，即显现生命自然的应有之义。韩愈说："曲生何乐？直死何悲？"这是从意义生死而言，委曲而生有什么值得快乐？正直而死有什么值得悲伤？"直死"若作自然而然地死去理解，确也没有什么值得悲伤的。开刀手术、插管打针，其实都有违自然生命，而可称之为人为生命。既然现代社会把人为生命作为自然生命必不可少的补充，那么人类亦只得"曲生"了。

特别是现代哲学把生命都解构了，人的生命仅是一种符号而已，这种符号与众多其他符号在符号的意义上究竟有什么区别？"曲生"的乐与非乐也就没有什么值得追究的了。

生不一定给人带来美好和快乐，现代战争和动乱给人以人道主义灾难、给无辜的儿童以无穷的痛苦和死伤。因此，生并不是一定会走向光明，死也不一定会走向黑暗。死在某种意义上说更光明伟大，在我们心灵中时刻活着的中外伟人、许多英雄烈士的形象，永远是我们学习的榜样。对于他们,我们何不学庄子鼓盆而歌之呢!"死重泰山,名光日月",这就是死得其所。

生死贯通如一,生也死也,死也生也。人从死中才能真正体认生的价值,从生中才能领悟死的意义。只有从生与死的两方面体悟,才是一个完整的人生。

"生不知道愉悦,死不知道厌恶,生不欣喜,死不拒绝,生来死往,无拘束地来,无拘束地去",度越悦生恶死的情结,以平等的心态面对生死。

人，生存这回事

和合学是人对人所生存的对象世界思考的自我观念、自我创造的活动。和合学从根底说起，从最原始的现象讲起，就是人生存这一事实。人的一切社会活动、科学活动、文艺活动，以及衣食住行用的各种各样的活动，间接地、直接地都是为了人，都是为人类造福。从这个意义上讲，人是一个最根本的，也是最基础的问题。我曾经给人下了一个新的定义，"人是会自我创造的和合存在"。从"人是会自我创造的和合存在"出发，我们便可以讲和合学所蕴含的三个世界。

人生是个谜

第一个世界是和合生存世界。人一生下来就到了一个陌生的世界，一个疏离的世界。孩子本来在母亲的肚子里生活了10个月，他基本上熟悉了那种环境，在他出生之后，突然到了一个陌生的环境，他是非常恐惧的。所以他降生时第一声就是哭。为什么哭呢？因为他对这个世界很生疏，他也不知道自己的命运前途会怎么样。《北京青年报》2012年10月16日报道：赵英39岁的妻子怀孕了，中年得子女，一般人倍加珍惜。但当她在医院待产的时候，就串通了一个黑车的司机，由他牵头，给这个孩子找到了买主。孩子出生后，他的父母看也不看一眼就把孩子交给了那个买主，然后拿了一万块钱，就高高兴兴回家了。从这个事件我们可以看出，孩子到了这个陌生的世界，他确确实实不知道自己的命运如何，甚至现在还有弃婴的。

所以有人就发问，我为什么生在农村，没有生在城市？为什么我生在一个穷人家，而没有生在一个富人家？这就说明人生确确实实是一个谜，也就是对于人来说，自己怎么生，生得怎么样，然后怎么死，死后到哪儿去等，都是一个谜。我在希腊博物馆里看到斯芬克斯的两座像，他是狮身有翅膀，但是脸是一个女人的脸。传说他坐在忒拜城附近的石岩上，向每个路过的人，出一个谜语，他说早上四只脚，中午两只脚，晚上三只脚，要过路人来猜这是什么。如果猜不出来这个谜,就把他杀掉。结果有个有智慧的人——俄狄浦斯猜出来答案是人,为什么是人呢?小孩在地上爬就是四只脚,中午的时候,年轻的人是两只脚走路,老年的时候有一根拐杖所以是三只脚走路。当他猜出这个谜语的时候斯芬克斯就跳下悬崖死了。

由这里我们也可以看出来,人类所面对的确实是一个谜,人类从诞生开始,一直在认识自己,现在我们对人也还没有认识完。到了克隆人的时候,从工厂批量生产人,究竟是什么样?我们现在都还不清楚,不能做出回答。但人一生下来就必然和社会、自然、人际整体发生物质的、信息的、能量的交换,人与政治的、经济的、文化的、制度的环境发生关系,在这个人类的大洪流中,人怎么样生活,生活得怎么样,确确实实是值得人考虑的。

人所依赖的生存环境,包括社会环境、经济环境、道德环境、人文环境,以及自然环境等各个方面。但我们追求的是什么样的一个环境?这个环境究竟应当怎么样?中国古代韩愈在跟柳宗元辩论"天"的问题时,就提出这么一个观点,人和自然究竟是个什么样的关系?人应该有一个什么样的环境?韩愈就讲,树木之所以能够很好地生长,长得很茂盛,肯定是没有虫来吃它,害虫就可以把很茂盛的、很好的一棵树吃死了。人对于自然大地的破坏非常厉害,如垦原土、伐山林、筑城就要开采大量的石头,挖井就从地上挖下去,开矿也是如此,等等。人类的这些活动,筑城也好,打井也好,开矿也好,筑城垣、台榭,疏为川渎、沟洫、陂池等,这些都把地球自然搞得千疮百孔,这就是说人对地球就像害虫对于树一样。所以他提出,人应该保护环境,可以讲韩愈是世界第一个环境保护主义者。他认为保护树木,应该消灭害虫,保护自然大地、生态环境,人应该减少生产。但是对人却不能灭掉,所以说韩愈也是世界上第一个主张计划生育的思想家。总之,人与自然的关系,应该营造一个适合于人居住的自然环境。

人生在世,不是鲁滨逊似的一个人生活在孤岛上,而是生活在人群中,与社会发生形形色色的网络关系。即人与政治的环境、经济的环境、文化的环境、道德的环境发生密不可分的关系。人们应怎样选择适合自己发展需要的环境,孟子的母亲是怎样来给孩子营造一个适合于他发展,适合于他上进的环境?"孟母三迁"的故事，大家都非常熟悉。那就是说孟子本来是住在一个同坟墓比较接近的地方，所以孟子小的时候，就总是到坟墓上去玩。由于孟子看到的都是坟墓，也看到送葬的一些人吹吹打打，于是他也学习吹打。孟母觉得这个环境对孩子教育不利，她就要搬家。搬到什么地方呢？第二次就搬到了一个靠近市场的地方，在市场里头经常有商人叫卖，讨价还价等等。孟子也学商人叫卖。孟母认为这样对孟子的影响教育也不好，于是就搬到了一个靠近书院的地方，能够整天听到琅琅读书声，对于孟子的思想就有影响，后来他就成了儒家的亚圣。

这就是怎么样来选择社会环境、生活环境、教育环境。在有坟墓的地方，有市场的地方，有书院的地方，一个是送葬的环境，一个是商战的环境，一个是读书的环境，究竟该怎么来选择？好的环境对孩子确确实实有影响，所以我们古人讲"近朱者赤，近墨者黑"。这就是说在社会的大染缸当中，在社会环境的熔炉当中，往往把你变成不同的样子，这是一种社会的、生活的、教育的环境的选择。

人的生存环境应该怎么样来选择？我们现在要求

有一个天蓝、水清、草绿这样比较好的适于居住生活的环境；我们希望在一个空气清新，不要有污染的城市来生活；我们希望社区里吃住行用各个方面比较方便。譬如北京的地铁通到哪里，周边的房价马上就上涨，这说明教育、交通环境对于人的生活都有作用和影响。

现在都讲生态环保意识，也就是说希望我们居住的地方，环境能够越来越美好，越来越适宜大家居住，越来越有利于大家的身体健康，这就是我们所要求的一个生存的环境。无论是天然自然环境，还是人化自然环境，都可以通过一系列时序化中介，与人相和合而成生存情境、生存条件或生存环境、生态条件，这就是和合生存世界。人类从渔猎文明、农业文明、工业文明到信息文明，在整个发展过程中，人与自然的关系是最基础、最根本的。由于人与自然生态环境冲突的加剧，迫使人不得不去追究自然生态环境现象内在或背后的所以然、所以在，即与人观念相对应的"理"，这是主体人活动对象的客体自身的法则、原理，人类只有认识、把握了这所以然之理，才能制订和找出解决、协调人与自然环境冲突的方案、计划，通过实践活动，获得人与自然生态环境的融突而和合。比如说不能随地吐痰，不能乱扔纸屑。我们知道在新加坡如果你吐痰那就得罚款了，我在新加坡的时候，是20世纪90年代，那时吐痰就要罚50新加坡元，这个数目也不少。

人类为了生存，通过知行的实践，对于自然生态环境以及人文环境，有所认识和把握，这便是"知理明境"。"知理明境"的目的是"行理易境"，通过在理指导下的实践活动，而改变为人需要的生态环境，创造一个美好的和合生存世界。

我要学会生活

人生在世，不仅要生存，衣食住行用都能够得到起码的解决，而且在满足这些以后，还要追求人的价值的实现，人的意义的呈现，这就是"三才之道"中"人"的世界。现在有的年轻人碰到我说，现在你看房子、车子、票子、女子、位子，这"五子"我都没有得到，我怎么样去实现人的价值意义呢？房子买不起，车子也还没有，票子也不够，位子你看我没有一个好的工作，女子我还找不到对象，所以这个"五子"算起来都还没有。

"天生我材必有用。"这个世界上若没有人的生命存在,哪来的上帝、天、道、天理、心、绝对精神、纯粹意识、存有等观念的存在,甚至连山河大地、草木虫鱼等,又有何存在的价值和意义?人在各种社会实践活动中,实现自己的人生价值和意义。现在年轻人都在思考实现自己的价值和意义,人的价值追求和实现,这是每个人活在世上的一个起码的追求。你活在世上干什么?中国十几亿人口,你想我庸庸碌碌地虚度年华,一辈子也就过去了,人的生命是很有限的,所以曹操就说"人生几何,譬如朝露",人生就像早上的露水一样,天一亮太阳一出来露水就没有了。人在历史的长河当中一闪而过,是很短的,在这样短的人生道路上,应该怎么样走?当然有人是为当官而活着,有人是为金钱而活着,有人是为名誉而活着,有人是为了利益而活着,各种各样的人有各种活法,有各种思想来支撑。莎士比亚说过这样的话,钱可以使黑的变成白的,丑的变成美的,错的变成对的,也可以使卑贱者变成高贵者。

这个思想就像我们中国古代有个鲁褒,他痛恨当时社会腐败,作了一篇《钱神论》。文章里面讲大家都来崇拜这个孔方兄,就是崇拜钱,他尊奉、崇拜钱为神,有钱能够使鬼推磨,有罪的可以变成没有罪,本来可以杀头的,可以变成不杀头,本来要下监狱的可以不下监狱,本来是穷人也可以马上变成富人,本来不是当官的可以买个官来当,没有钱,高贵变成下贱,本可生存却被杀头。所以钱的能量作用非常之大。但钱再多,人还是要死的,人赤条条地来到世上,又要赤裸裸地走,尽管你积攒了很多钱,死了以后对你来说一点用处也没有,所以对钱应该有个清醒的认识。

之前有一个报道,一位名牌大学毕业的杰出青年曾作为人才引进,负责开发区工作。他以扎实的专业基础,很强的组织、协调、执行能力,带领团队出色完成开发区的多个建设项目,结果被评为当地的十大杰出青年,甚至被提拔为开发区规划局的副局长,这时他收受巨额的贿赂,结果把自己的前途葬送了。本来一个年轻人,前途似锦,正是实现价值的时候,结果一失足把自己名誉、地位以及人生的理想和价值全毁了。

我们知道世界上有很多名言，比如马丁·路德·金——美国的精神领袖，他说了一句名言"我有一个梦想"，现在我们都讲，我有一个梦想，这句话很流行。法国哲学家德里达说，"我要学会生活"，也是一句名言。

前几年在全校的一个迎新大会上，我就说了这么一句话，尽管一个人要有一个梦想，要学会生活，但是最重要的是你要"学会做人"，如果你学不会做人，那么你的梦想就会变成空想，你的生活就不会幸福，很可能就要去坐牢，所以你的梦想也好，你要生活也好，首先要学会做人，这是最重要的。你不学做人的话，很可能就要走向你相反的道路，走向你所不愿意看到的，也是你家人不愿意看到的犯罪歧途。

人怎么样来实现自己的价值，中国古人有这么一句话，《左传》上讲人的生命价值在于立德、立功、立言。"太上有立德，其次有立功，其次有立言，虽久不废，此之谓不朽。"这就是我们古人讲的所谓"三不朽"。个人不管立德也好，立功也好，立言也好，这样做就是"不朽"的生命价值。立德，即现在的道德模范是值得我们尊敬的，比如说我们学雷锋等等；立功，即建功立业，不仅有抗战的功臣，也有科学发明的功德；立言，比如孔子的《论语》、老子的《道德经》等等。孔子逝世2500多年了，老子逝世2500多年了，我们现在还要去纪念他们，还要去怀念他们，还要读他们的书，可见他们虽死犹生，永远活在我们的心里。

这就是他们永恒的价值，那些道德模范，那些英雄同样活在我们心里，比如说岳飞，他也是虽死犹荣，死如泰山，还活在我们心里。相反，比如说一个罪犯，人尽管活着，但如行尸走肉，虽生犹死。像这样一些人生的价值通过一对比，就可以看出来，我们究竟应该怎么样来做人，我们究竟应该怎么样活着，怎么活才有意义、才有价值，这确确实实是我们每个人都需要思考的一个重大问题。

人生的价值和意义，在于人的创造性活动，无论是立德、立功、立言，都是一种创造，它改变了人的生活状态、生命存在的情境，而且改变了人性，以及人的情感、心理等。意义世界依据人规范社会价值的涵养、修治和合特征，分别为"性"和"命"。性是指事物、人的本性，它相对于主体人而言，是人作为意义和价值规范立法者的隐在（内在）规定性。命是人相对于客体而言，是人作为意义和价值规范的执行者的显化（外化）使命。

人为了实现自我的意义和价值，必须改变、涵泳人的自然命运的遭遇、节遇，以及其必然性的主体人的无可奈何的被动性；必须对所要改变、涵养人的人生必然命运有所体认和修治、整修，即修命，对人自身的属性、本性，也要涵养、修治，以培养、养育道德情操，这便是"养性明命"，命明便能修养命运，命修反过来，便能"修命易性"，改变本性。以便使人的价值和意义得以美满地落实。

人的意义的追寻，是一种明己之学。人与社会之间、人类社会与自然环境之间，都进行着信息、能量、认识的社会实践和交往，在交流互动中，意义便是主体对对象所作的价值评价，亦是对象对人的作用的评估，唯有"君子终日乾乾，夕惕若厉，无咎"，才能发挥人生价值意义的正能量，达到知天命，进而人从心所欲的自由之境。

人生安身立命的精神家园，是价值理想世界的呈现。中西在对于"人是什么"的求索中，开始都是从与禽兽的比较中，发现其差分，并从差分中逐渐认识自己，进而发现自我，从而发出"为天地立心，为生民立命，为往圣继绝学，为万世开太平"的呼喊，这既是人的自信、自觉、自立的表现，亦是人对自我责任、使命的体认。

每个人都生存在此纷繁的尘世，当岁月流逝而转身反顾时，理性与自觉不免在掀起层层生活回忆后，反思当时自我行为的实践。就是说，人的意义追寻的实践，并没有完成，还需要进而追寻价值理想，即和合可能世界，也就是"三才之道"中的"天"世界。这是在"地"的生存世界和"人"的意义世界之后所追寻的价值理想的精神家园或终极关切。

价值理想是支撑我们克服困难、奋勇前进的动力，价值理想也是我们能够达到目标的一种指南针。所以每个人都应该有一种价值理想，这是我们自己能够克服困难，达到人生目的的一种内在的生命力。价值理想看起来好像是非常抽象的东西，其实，这个可能世界是我们都应该希望实现的一个世界，当然它可能实现，也可能不会实现。但在我国古代确确实实对它存在着向往，寄托着理想的终极境界。纪晓岚著了一本书叫作《阅微草堂笔记》，这本书中记载：江宁有个书生，这个书生在他一个朋友废弃的园子里读书，一天晚上，有个很漂亮的女子在窗户外面看他，这个书生当时想，肯定不是鬼就是狐狸精，他也不害怕。这时这个女子就向他要求借他的《金刚经》来忏悔，她说我生前罪孽很重，我只能带着罪孽去投生，投生以后大概要做三年的哑妇。这里描述了一个现实当中没有的世界，这是一个想象中存在的世界，或观念存在的世界，其实也是现实生活、现实社会的一个投影，所以说理想世界都是现实世界的一种形而上的抽象的投射。

我们知道《红楼梦》里构造了一个"太虚幻境"。有一次甄士隐碰到一个道士和一个和尚，他们两个人在窃窃私语，讲一些人世的事情，他跟在后面听，和尚、道士走过了大石牌坊。在大石牌坊上有四个大字"太虚幻境"，两边一副对联"真作假时假亦真，无为有处有还无"，那就是真真假假，假假真真。甄士隐也想跟着和尚、道士进太虚幻境，方一举步，一声霹雳，有如山崩地陷，士隐大叫一声，从梦中醒来。《红楼梦》写甄士隐，寓意把真事隐去。后来甄士隐见贾雨村的时候就讲这个事情。贾雨村寓意"假语村言"。《红楼梦》所描绘的真也假来，假也真；假也真来，真也假。实际上是说可能世界是这么一个真真假假，也就是一个虚拟的世界。

这个虚幻世界实际上也反映了现实社会当中的真和假，真的变成假的，假的变成真的现实。也就是说这个社会当中真假是颠倒的、错位的，这个社会当中善恶黑白也是颠倒错位的，但是它是以"太虚幻境"这个形式来表现的。所以说太虚幻境是一个可能世界，想象的世界，它是度越了现实世界的可能世界，蕴含着对未来世界的构想和想象的可能世界。

这个可能世界，实际上是人所期望的一个美好的世界。是人的想象的能动性、经验的参与性，以及想象的确立、思考的深入性与境界的崇高性使然。想象是奇特的思维能力，它是自由的，蕴含着生命鲜活的诗意，想象使存在变得可能，由想象转化为理想，成为和合可能世界实现的催化剂，能够激发起主体精神的生命潜能、勇气和人情、理想，为求真而否定现实，为求善而改造现实，为求美而超越现实。比如宗教里，佛教期望的是一个西方极乐世界，阿弥陀佛净土世界，是向往死了以后要到那儿去的地方。伊斯兰教中，人死了以后要到天堂，基督教要到一个天国，道教要到神仙世界，大家看看电视剧里神仙世界里的那种生活。儒教叫大同世界，在大同世界中天下为公，男女有分工；老吾老以及人之老，幼吾幼以及人之幼；路不拾遗，就是东西掉了没有人捡；夜不闭户，就是说夜里可以开着大门睡觉，没有人来偷盗，邻居之间都生活得非常和睦，这样一个美好的世界。

和合可能世界凸显了人的自由思维的魅力，依据人构造逻辑结构的建顺和合特征，差分为"道"与"和"。道相对于人的思维而言，是标志人类思维自由创造潜能的无限性与可能性。和相对于思维客体而言，标志思维自由创造过程的和谐性与对价值理想的肯定性。人以其强健品格，以实现和合可能世界，便是"健道求和"，或者顺应生命的新生，以实现和合可能世界，便是"顺道求和"。

人们所期望的是一个可能的美好的世界。所以庄子讲，在这个世界当中人都很和合很快乐，天也很和谐很快乐，天和人也和，天乐人乐，天地共和乐的和合世界。和合学就是以"人是会自我创造的和合存在",作为它的理论的基础和出发点。首先是和合生存世界,要改造、美化这个生存世界。其次是和合意义世界,要实现人生价值。然后是和合可能世界,也就是价值理想世界,人安身立命的精神家园。

| 生生哲语 |

万物不能拒绝给予的心

堂堂正正地做人,清清白白地在世。以我们的血液清洗遍地的污浊,以我们的眼泪涤荡漫天的灰尘。

留下一颗洁净的心,寂静的心,平常的心,爱人的心。

这个宇宙本来与心没有缘分,天地细组,万物化生,万物不能拒绝给予的心——内脏器官的心,人与万物一视同仁;"心之官则思",人与动物的距离就拉开了。

人有了这样一颗心,就坐不住了,处处立心,以至"为天地立心",天地便有了心。

有心的天地,敞开那晶莹纯洁的胸怀,海纳百川,拒绝偏私,根绝人情。

心的门口有一盏灯,绿灯指引前进的康庄大道,红灯警示不可跨越的鸿沟。

设置红灯者恰恰是带头跨越鸿沟者,那些占据道德制高点者,恰恰是道德的侏儒;高调反腐反贪者,恰恰是张开血盆大口的无所不贪者。是非错位,世界颠倒。

从生到死之间,看人的追求

佛教认为,人生其实就是一个苦,所以人一生下来就是哭,而不是笑。释迦牟尼是迦毗罗卫国净饭王的太子,有一次同他的父王出去郊游,他看见一个农民,光着膀子在烈日底下耕种,非常辛苦。他看老农在耕地的时候,鞭打老牛,牛被他鞭打之后,满身流血,地里犁出来的那些虫子、蚯蚓、鸟就来啄食。他看到这种情况,就觉得生命确确实实是非常痛苦的。净饭王问释迦牟尼,你在想什么?释迦牟尼说:"看到世间众生,争相吞食,心生哀悯。"由此他就想到,应该怎么样去解救这些生命?所以佛教就讲,生也是苦,老也是苦。病也是苦,死也是苦,人生就是个苦。苦海红尘,无穷无尽。

他的父王净饭王,看见自己的儿子怜惜生命,就怕他出家,所以就赶快给他娶一个妻子,这样的话可以拴住他。同时也盖了很豪华的宫殿。譬如夏宫,夏天住着比较凉快的,冬宫住在里头很暖和的,春秋住在中宫,里面有很多美女。在新疆的拜城县克孜尔镇东南木扎提河北岸崖壁上有两百多个石窟。其中118窟正壁为《娱乐太子图》,中央形体高大者为释迦牟尼,身左是一列采女，左下方为伎乐，净饭王不吝财物美女，使其不要出家，太子释迦牟尼神情忧郁，面对手托丰乳的裸体采女，双目微闭，不为所动，表现了他决心出家的心境。然后脱离他奢侈的生活，出家去了。

佛教认为人今生就是苦，要追求来生。道教与佛教不同，要延长今生的生命，长生不老，羽化登仙。儒教讲经过道德修养，通过自己的修身养性，达到圣人境界。佛教是要成佛，道教要成仙，儒家要成圣，人生在世，都要追求一个最高的人生境界，实现人生最大的价值。

《中庸》说："事死如事生，事亡如事存，孝之至也。"事死与事生、事亡与事存一样，这才是至极的孝。古希腊西塞罗也说过这样的意思，学习如何好好地生活，也就是如何去死；学习如何去死亡，也就是学习好好地生活。死使人更珍惜生，死使人更领悟生的价值，死使生充满理想，死使生更梦想未来。

人要随时迎接死亡，有空难、有地震、有海啸、有枪杀、有病亡、有自杀等等，很多死亡是自己不能支配、控制的。2012年12月14日，美国康涅狄格州桑迪·胡克小学，枪手向小学生疯狂地连续开枪，多名小学生中弹倒在血泊中。13年来，美国校园枪击案不断发生。据《参考消息》2012年12月16日转载：1999年科罗拉多州哥伦拜恩中学两名学生持枪打死1名教师和12名同学，然后饮弹自尽；2005年明尼苏达州16岁男孩杰弗里·魏泽冲进红湖中学，向学生开枪扫射，导致7人死亡，凶手自杀；2006年暴徒查尔斯·罗伯茨闯入宾夕法尼亚州一所学校，劫持6～13岁女童为人质，射杀其中5人，后自杀；2007年弗吉尼亚理工大学的韩裔学生赵录熙在校园行凶，打死32人后自杀；2012年2月17岁的男孩在俄亥俄州沙登高中咖啡馆开枪，3名学生死亡；4月曾在加州奥克兰市的奥伊科斯大学就读的学生冲进校园，开枪射击，7人死亡。枪手更加泯灭人性，向没有自护能力的儿童开枪，令人发指。

生与死为伴、为邻。韩愈说："曲生何乐，直死何悲？"屈辱地活着有什么快乐！为正义、真理而死有什么悲伤！生为正义、真理而生，死为正义、真理而死，这便是生得伟大、死为泰山。孔子说："君子谋道不谋食""君子忧道不忧贫"。君子追求道、忧患道，追求正义和真理，为自己的追求而死，便是自我终极价值的实现。

一个追求自由主义精神的人,就把自由主义作为他的终极关切或终极理想境界,为了自由,他可以抛弃生命和爱情。一个追求爱国主义精神的人,就把爱国主义作为他的终极关切或终极理想境界,"人生自古谁无死,留取丹心照汗青"。一个追求改革变法精神的人,就把改革变法作为他的终极关切或终极理想境界。谭嗣同说:"各国变法,无不从流血而成,今中国未闻有因变法而流血者,此国之所以不昌也。有之,请自嗣同始。"于狱中题诗曰"我自横刀向天笑,去留肝胆两昆仑。"一个酷爱艺术精神的人,就把艺术作为他的终极关切或终极理想境界;一个信仰宗教的人,就把他所信奉的宗教作为他的终极关切;一个哲学家,就把他所建构的形而上学本体作为他的终极理想境界。尽管各有各的终极关切和终极理想境界,就像每个人作为具体时空存在,都是独一无二的一样,在和合生死学"三界"中都能兼容并蓄。

人为什么会死,死后到哪里去?自古以来,中西思想家都曾思议过,但始终是一个谜,各种宗教都依据自身的教理做出形形色色的诠释。死亡之门的后面,等待我们的是什么?人们对此既怀有强烈的好奇心,又对此探索不倦。据《参考消息》2001年10月8日所转载的《探索生命逝去后的秘密》说：有过濒死体验的人共同感受的，是朝疑似巨大的白色光移动。英国精神病学家彼得·芬威克和他的同事们列举了其他共同感受，如和平宁静，穿过一条隧道进入另一个世界，前方出现一种光，并进入花园。《北京科技报》董毅然的文章讲道，天津安定医院的冯志颖和刘建勋教授曾随机选取100位唐山地震中濒死后经抢救脱险的截瘫病人进行调查，结果发现这些濒死体验有半数以上有躯体陌生感、走向死亡感、平静和宽慰感、生活回顾感或"全景回忆"及思维过程加快。由此可以说明，生是一种满足，死也是一种满足；生是一种快乐，死也是一种快乐。假如生命明天结束，我们就勇敢地迎接它吧！

| 生生哲语 |

与日常生活拥抱

终极关怀在哪里？精神家园在何方？它与日常生活拥抱。

生活像万花筒，使天穹顿时成五彩斑斓的星座，照耀人的生活。生活离不开衣食住用行，还有那心性的安顿、灵魂的皈依、精神的家园。

生活既曲折多难，惨不忍睹，又地利人和，安居乐业；既如临深渊，如履薄冰，又自强不息，厚德载物。

我站在高山上，以为离天路近一点。

天路迢迢，沿着人生小径通向那个洁净寂静的地方，我不知道这是何处。

想望到一个"人和地和天和、人乐地乐天乐、天地人共和乐"的和合天下新世界。

第二章

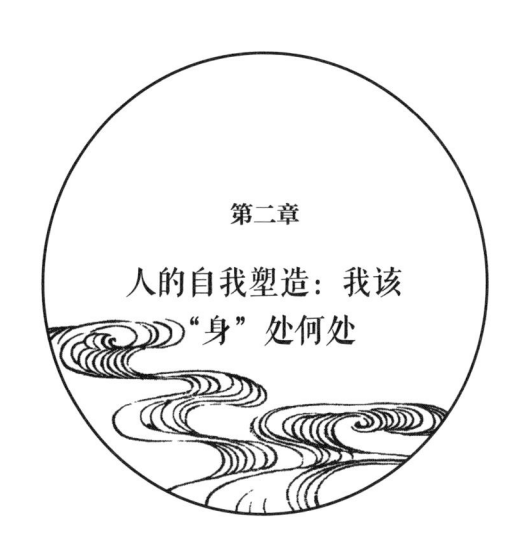

人的自我塑造：我该"身"处何处

有一天,孔子走到泗水岸边,看见泗水不断流去,他感叹人生在世犹如流水一样地过去,"逝者如斯夫,不舍昼夜"。古希腊赫拉克利特也说:"人不能两次踏入同一条河流。"水流过去了,再踏进河流,水已不是上次的水。人生是消费性的旅程。

人生的真正完满在于男女的和合

人生，是每一个人非常关心的问题。人字只有两笔，一撇一捺虽简单，却难写；虽笔画少，却沉甸甸；虽具有两笔，却意蕴深邃。这一撇可以说是阳，一捺可说是阴；这两笔可以说是乾和坤；也可以说是男和女。你看这个人的一撇一捺，是紧紧地靠在一起，和合如一的，是不分开的。如果要把它分开的话，那就得用刀斩断它，就是用一种外在的力量来劈开它。譬如说"分"字就是一把刀，把人劈开，就是分离了。所以我们人分离啊、离婚啊，分崩离析，都是把这个人字劈开了。

有人说，一撇这一笔象征人的成长，一捺象征人的衰老。人诞生的过程，本来就是阴阳和合、乾坤和合、男女和合的过程；也是一个人的成长和衰老的过程。这个过程是吐故纳新的。在人的成长过程中，我们要学习很多东西。如诚意正心，才能健康成长，老了也要说坚持晚节，这样才是一个完满的人，才是一个和谐的人。

一撇是朋友，一捺是对手，朋友和对手之间，不应该看作是你死我活、水火不容的敌人，应该看作是一个互相帮助的、互相尊重的、互相和合的关系，有时朋友转换为对手，对手转换为朋友。在运动场上，都是与对手的较量当中、竞争当中，而达到了运动的顶峰，取得最好的成绩，打破世界纪录。有对手，才会有危机感。他激起你最大的热情，空前的活力，去争取胜利。没有对手，就没有推动你前进的力量，也就是说没有一种使你创造好成绩的动力。从这个意义上来看，应该把竞争的对手都看作自己的朋友一样，互相帮助、共同进步，和合共赢。

这个一撇是夫，一捺是妻，夫妻和合，家和万事兴。如果分开的话，就会在感情上，财产上，小孩的教育、成长上，造成极大伤害。夫妻就像我们人的左右手一样，比如说我们左手提东西累了，右手就会自动接过去了，右手不好使，左手就会自动来负担。又如丈夫在外头工作累了，回家就可以得到休息，得到妻子的照顾；妻子受委屈，想不通，也可获得丈夫的开导。这里是不能分开的。

一撇是向前，一捺是后退。人的一生，像登山一样，不断地向上爬，到了山顶，都得往下走。奋斗一生，奋斗到一定的程度，获得了一定成就，以至成功立业，或取得很高的地位和权势，个人的价值理想都实现了，却在五光十色的彩灯下，昏昏然而失足，毁了自己，连累家庭。所以有人感叹，上山容易，下山难。

我自己走路就有一个体验，尽管我眼睛不好，但往上走，还比较好一点，不会踩空摔跤，往下走更难，往往会踩空摔跤。有人在位时，门前车水马龙，一退下来，门前便冷落车马稀了。所以有些人一退休后，落差太大，心里头很难受，觉得很多东西都失去了，所以这个时候，他的心情就不能平静。其实人的一生，有上必有下，有得必有失，就像两手摆动，有前必有后，有后必有前。

人是一撇一捺的和合，人生的生是怎么来的？《光明日报·国学版》曾刊出一篇访问我的谈话。我讲人是从"和"而来的。人的生命是和合的结晶，就是精子和卵子的和合。

对一个人来说，怀胎十个月，生出一个新生儿来，这就是人的诞生。据科学家探索，从一滴精液中能看到上千万精子，它们很像蝌蚪，有头有一个长尾巴，头部呈卵圆形，里面是一个高度浓缩的细胞核，藏有男方的遗传物质。头部2/3部分是由顶体覆盖，其中含有水解酶，能分解卵子外周保护物质，以便精子进入卵子。一次射精，大概有两亿到三亿个精子。

卵子要比精子大100倍，成熟卵子像戴着帽子的圆脸土星，又像光芒四射的太阳。它在输卵管壶腹部，等待精子。精子如果同卵子相和合的话，它要经过非常艰苦的过程。那么多的精子，最后和合的时候只有一个精子，当精子从曲细精管出发到射精，在这个过程中，就牺牲了很多精子。射精后，精子就以千军万马之势，涌入女性生殖系统，经过阴道、宫颈、子宫腔，然后到输卵管。在这个过程当中，精子也要牺牲很多。

精子到了输卵管的时候，它的质膜随之发生变化，而具备授精能力。这个时候，精子和卵子相会于输卵管壶腹部。数以百计的精子摇摆着尾巴，冲向卵子。

卵子有防护的措施，所以精子都要分解自己的水解酶来攻破它的防护体。这个时候，尽管精子把这个卵子围得水泄不通，但攻破卵子外周的保护物质，也不容易，必须大家齐心协力，精子们既相互竞争，又携手合作，用其头部顶体上的水解酶来分解卵子的透明带和放射冠，削弱卵子的抵抗力量。这个时候，卵子以雍容大度的姿态，半拒半受的态度对待精子的围攻。

当精子的水解酶攻破卵子的透明带和放射冠的时候，卵子的大门被打开了，一个精子立即进入，和卵子结合，这个精子便随手就把门关上了，其他的精子就进不来了。同时卵子接纳一个精子后，透明带的穿透性会发生变化，在约20秒内迅速构起新的屏障，就像一道电网，把其他精子拒之门外。为什么精子与卵子这样紧张地工作及和合？因为精子和卵子的生命力不长，卵子只有12小时到24小时的寿命，精子只有两个半小时到48小时的寿命，在这个时间段内必须赶快进行结合。在精子和卵子结合过程中，精子的细胞核（雄原核）与卵子的细胞核（雌原核）相匹配，两者向细胞中部靠拢，合二为一。新生命的染色体，一半来自精子，一半来自卵子，这就是"2倍体"。如果有两个精子进入卵子，最终会终止妊娠过程。受精24~26小时，胚胎进入卵裂期，一个新生命就诞生了。

从这里可以看出来，人和生都是一个融突而和合的过程，这就是人生的路程。由于人生的路程是精子与卵子的融突而和合，所以人的产生一定是一男一女。比如说上帝造人的时候，他先造的亚当，他后来用亚当肋骨造了夏娃，一男一女，这样人生才是完满的。这就是说，人生的真正完满在于男女的和合。也就等于说卵子和精子互相紧紧拥抱，而不分开，这就是人生。

何为人生？

什么是人生？我们可以从三个维度来探讨：一是生命，二是命运，三是生活。人的生命，这是人之所以为人存在的一种形式；人的命运就是人之所以为人的存在的一种状态；人的生活是人之所以为人存在的一种内容和条件。

天地之性，以人为贵

先讲生命，我们知道，古人都讲，"天命之谓性"，天地之性，以人为贵，人之可贵，莫贵乎生。儒家曾说过，人所以为贵，就贵在他有生命。宋明理学在解释人之所以为贵，认为他有价值，很珍贵，贵在什么地方呢？周敦颐说：人是由阴阳五行妙合而凝，而成男成女，并得阴阳五行最优秀的精华，所以最有智慧。朱熹也说："只一个阴阳五行之气，滚在天地中，精英者为人。"就是天地之精英和阴阳五行的精华和合的结果。《黄帝内经》中说:"天覆地载,万物悉备,莫贵于人。"《红楼梦》第31回,对这个问题有生动的描述。有一天史湘云到贾府去拜见贾母,见完了贾母以后,她就要到大观园中的怡红院去找袭人。到了贾宝玉的怡红院,湘云与丫鬟翠缕见满园的花草非常茂盛,翠缕就问,"为什么长得这样好?"史湘云说:"草木之所以茂盛,就像人一样,血脉血气充足、充盈长得就好。人和草木是相通的,都是血气充足的缘故。"

翠缕丫鬟问,"怎么说草木与人一样呢?"史湘云说:"天地万物从哪里来?天地间都赋阴阳二气所生,或正或邪,或奇或怪,千变万化,都是阴阳顺逆、多少,一生出来,人罕见就奇,究竟理还是一样的。"翠缕说:"这样说来,开天辟地,都是阴阳了。"史湘云笑着说:"任何的生物,都是阴阳和合而成的。阴阳两个字,还只是一字,阳尽了就成阴,阴尽了就成阳,除了阴阳,你说还有什么呢?"翠缕说:"阴阳没影没形的,阴阳是怎么个样儿?"史湘云说:"阴阳只不过是个气,器物赋了成形。譬如天是阳,地是阴,火是阳,水是阴,太阳,就是阳,月亮就是阴。"翠缕就说:"怪不得人以日头叫太阳,算命先生就说月亮就是太阴星。"翠缕又问,"这些大的东西,如太阳也好,月亮也好,或者水、火,都有阴阳,也就罢了,难道那些小的东西比如说花、草、树叶、石头、瓦片、蚊子也有阴阳吗?"史湘云说:"怎么没有阴阳呢!比如说树叶,朝阳的那一面就是阳,不朝阳的那一面就是阴。扇子的正面是阳,反面是阴。什么事情都有阴阳。"

翠缕看见史湘云的宫绦上系的金麒麟就问:"这个难道也有阴阳?"史湘云说:"走兽飞禽,雄的为阳,雌的是阴,牝为阴,牡为阳。"翠缕又问:"既然什么东西都有阴阳,咱们人是不是也有阴阳呢?"史湘云说:"你这个下流的东西。"因为男女之事,那个时候是回避的。她们走到一个蔷薇架底下,发现地上有一个金麒麟。翠缕就问:"你这个金麒麟到底是公的还是母的?"史湘云说:"我也不知道。"在地上捡的是一个又大、文采又非常辉煌的金麒麟。史湘云看了以后,她就默默地在那儿想,金麒麟啊,其实也有公和母,史湘云身上挂的那个比较小,文采没有那么鲜艳。地上捡的那个比较鲜艳,也比较大。就等于一公一母,便可阴阳和合，中国是讲多元事物融突和合而有新生命，二女同居，不能生孩子。这个时候正好贾宝玉来了，她们也就不说了。从翠缕与史湘云的对话中可以看出，天地万物千差万别，都是由阴阳、五行的精华妙合而凝构成，即阴阳与金木水火土杂合，而成百物。由于人是天地间阴阳五行的精华妙凝和合而成，所以说人是可贵的、珍贵的。陆九渊说："天地人之才等耳，人岂可轻，人字又岂可轻。"人的重要性及其才能与天地一样，不可轻视，珍贵生命、尊重生命，绝不可儿戏生命。

人的生命是唯一的。生命对于一个人来说，只有一次，钱用光了，还可以赚回来，生命用完了，不会回来，像人吃糖葫芦，吃一个少一个，不会多起来，正是由于生命的唯一性，更显生命的可贵性。

人生是不可以选择的。为什么不可以选择？你看你什么时候生，生在哪一家，生的时候，顺利不顺利，是男是女，夭折或长命，你的前途怎么样，都是不可选择的。所以人具有不可选择性。由于人生具有不可选择性，所以更应该珍惜自己的人生。

人生是消费性的。人过一天就少一天，人生过一个小时就少一个小时，人的生命是以时间计算的，时间也就是人的生命。不管你活到50岁、60岁、70岁、100岁，都是以时间计算的。有一天，孔子到了泗水旁边，他说：人的生命，就像不断流去的水，它昼夜都在流，没有停顿。人生也是像流水一样就过去了，它不能回来。人的生命是一个消费的过程，自己把自己的生命不断地消费着，直至死亡，所以人在活着的时候，应珍惜生命。

人要珍惜自己短暂的生命，不珍惜就是对自己不负责，就是虚度年华。20世纪五六十年代，有一本青年最喜欢读的书，就是苏联的《钢铁是怎样炼成的》，书中塑造了英雄奥斯特洛夫斯基，他的名言就是讲人不能虚度年华，这就是说我们不能把时间白白浪费了，不能饱食终日，无所用心。从人一生来看，人的不可选择性、唯一性和消费性来看，人生确确实实是非常珍贵的。

人生既然很珍贵，我们应该怎么样来对待我们这个生命？古人讲，人的生命就是为了追求一个道，道是价值理想，是形而上的最高境界，万物生成的根据，是道不远人的仁义之道、圣人之道。在现代就是要树立一个价值理想的远大目标。孔子讲:"朝闻道,夕死可矣。"就是说早上得到真理,即道的话,晚上死了我都愿意。那就是说人生的目的是追求一个更高的理想的道。我们知道为了追求道,孔子就讲:"志士仁人,无求生以害仁,有杀身以成仁。"有远大理想、品德高尚的人,不苟且偷生而损害仁德,宁肯牺牲自己的生命来保全仁德。从这个意义上讲,追求仁德,也就是追求人道,那是最高的理想。

孟子也说过这样的话,他说生是我希望得到的,义也是我希望得到的,如果两者不能兼得的话,那么我宁可舍生求义,为了追求价值理想,或道的最高境界,"舍生取义"。匈牙利有一个诗人,叫作裴多菲,他就讲:"生命诚可贵,爱情价更高。为了自由故,两者皆可抛。"为了追求自由,实现他的价值理想,可以把生命和爱情抛弃。这就是说,人活着应该追求一个更高的目标,这是人生的价值,而不能庸庸碌碌,无所作为,虚度一生;不能活着像行尸走肉一样,这是没有意义的,要追求人生价值之道。

掌握自己的命运

人的所谓命运，命具有必然性，有生必有死，人无法逃脱死的大限。运与命有异，是指时运、机运、机遇等，具有偶然性。运是人通过自己主体的、能动的努力，能够达到自己理想的生活状态，塑造一个符合自己愿望的、理想的人格。运可规定为，是人的生命在创造和赖以存在的情境互动中，所构成的一种生命状态和生命历程的智慧。有一次司马牛和子夏在一起，司马牛就非常悲伤地讲，你们大家都有兄弟姐妹，唯独我没有，一个人非常孤独。子夏就讲："死生有命，富贵在天。"命是不可抗拒的，有其必然性，富贵是靠自己奋斗来的，运是可以自己掌握的。只要你工作严肃认真而不放纵，对别人恭敬而合乎礼节，天下到处都是兄弟，四海皆兄弟啊。那你有什么觉得可孤独的呢？

命，是一种必然性。比如说人必然要死，谁也逃不过。就是活100岁也得死，活150岁也得死，活20岁也死，这个是大关，必然的东西。大概不能抗拒，孔子既讲敬畏天命，又讲知天命，"五十而知天命""不知命，无以为君子"。命既可知，就是可掌握的。但从畏天命来说，命又是不可改变和掌握的。有一次公伯寮对季氏讲子路的坏话，孔子的弟子子服景伯把这件事告诉了孔子，问孔子是否要把公伯寮杀了。孔子说："道之将行也与，命也；道之将废也与，命也。"自己的主张被采用或被废弃，这都是命，公伯寮不能决定，这是命定的。孔子思想处于知天命与命定论这两者之间，没有完全从命定论中摆脱出来。墨子与孔子稍异，他并不把命看作一种异己的力量和必然的趋势，提出"非命"论，否定生死祸福、富贵贫贱由命决定。在这个意义上，不要完全相信算命。譬如算命先生说你可以活多少岁，可是汶川大地震死了几万人。这里头有没有算命先生说是长寿的人呢？也可能有。日本的海啸死了那么多人，他们命里头该不该死呢？所以说何时死，怎么死，这是人不可预测的。自己掌握不了的，这就是命。

如果自己能掌握的，那就是运，就是说你得抓住机遇，现在我们一再讲，我们要抓住发展机遇期。如果说抓住这个机遇期，很可能在事业上取得成功。比如说比尔·盖茨，他从哈佛大学辍学而去从事他喜欢的电脑行业，成为世界第一富豪。李嘉诚23岁辞职出来，自己奋斗，实现自己人生价值，成为富豪。他们都是经过自己的努力，对自己的命运有一个把握，对天时、地利、人和等情况有超人的洞察力，对客观因缘、社会需要、销售情况，都有一个正确的判断和周密的预测，然后选择一种职业、一种商品来做，他们就取得成功，这就是运。你能与时偕行地掌握这个机遇就能成就大事业。

战国时，苏秦是一个纵横家，他是农民出身，他跟鬼谷子学习多年，学什么？学我们现在讲的公关的游说的技能，他学了游说技能以后，便变卖家产，然后到各个国家去游说，推行他的主张，结果没有一个国家理他。他走了一圈以后，钱用光了，穿得破破烂烂回家。回到家以后，家乡人都看不起他，说这个人没有用啊，他的嫂子也都训斥他。在这种情况下，他就进一步发愤学习各种知识，钻研兵法。读书累了、瞌睡了，就用锥子扎自己的大腿，这种刻苦学习的精神后人称之为"锥刺股"。他联系当时齐、楚、赵、燕等六国都怕强大的秦国来攻打，便提出"合纵"抗秦的主张。因为六国都在秦国以东，纵贯南北，为纵；合六国之力抗秦，为合，故称合纵。然后去游说各个诸侯，用这个合纵的办法，来打动各个诸侯国。韩、赵、魏、燕、齐、楚六国正式建立合纵盟约，六国同意封苏秦为"纵约长"，掌六国相印。可见，他是通过自己艰苦的学习，达到政治上的成功的。

东汉时，有一个人叫孙敬，他读书累了，就打瞌睡，于是他就找一条绳子拴在房梁上，另一头绑在自己头发上，晚上念书，一打瞌睡，脑袋一栽，头皮揪得发疼，人就醒了。后人赞他刻苦学习精神叫"头悬梁"。孙敬经此艰苦的努力，最终也成为大政治家。人可以通过自己的努力，来创造、塑造自己的命运，这就是说命运是可以被人掌握的。有些人没有掌握好自己的机遇，很可能就失败了。弗兰西斯·培根说：幸运之机好比市场，稍一耽搁，价格就变。它又像那位西比拉的预言书，如果当能买时不及时买，那么等你发现了它的价值后再想买时，书却找不见……机会老人先给你送上它的头发，如果你一下没抓住，再抓就只能碰到它的骨头了。西比拉（Sibylla）是西方传说中的女巫，善预言，曾作书九卷献给罗马王，索重金。罗马王拒绝，西比拉烧了三卷，仍索原价，罗马王读其书发现其所预言之事极重要，买其书，但已不全。炒股也一样,有的时候我们机遇好了,可能就赢了,机遇不好,可能就输了,这里也有一个时运的问题。荀子说:"遇不遇者,时也。"能否掌握机遇,这就是运。

南北朝时期的梁朝,萧子良与范缜有一场因果问题的辩论。子良说:"你不信因果,世上人为什么有富贵贫贱之分呢?"范缜说:"人生好比一棵树的花,一阵风吹过,有的花落在锦绣的茵席上,有的花落在粪坑里,落在华丽席上的就像你,落在粪坑里的就像我。"花究竟落在哪里,这是运气、机遇。运气是会变化的,官二代并不比贫二代幸福,萨达姆、卡扎菲的二代犹如殿下萧子良,其结果又如何!

怎么样来掌握自己的命运?《周易》上有一句话,"穷理尽性以至于命",穷理,那就要先格物,要认识客观事物,把客观事物的各个方面都分析到能够有一个非常深刻的认识,这就是格物的格。穷理,就是格了这个物以后,能够懂得这个道理,即掌握事物的道理,进而能够知道这个事物的性质,能够掌握它。事物的性质,即尽性,然后才能够以至于命,能够掌握事物发展的规律。王阳明,他开始相信朱熹的格物穷理的思想，他在北京父亲王华的官邸里头，同一个姓钱的朋友，试图验证朱熹的"格物穷理"说，恰好王阳明父亲的官邸里有些竹子，他们就来格竹子的理。他的朋友就讲我先来格竹子的理。他的朋友在竹子前面，坐了三天三夜，冥思苦想竹子的理究竟是什么，结果没有格出来，却病倒了。王阳明觉得这个人功夫也太浅了，于是自己来格这个竹子之理。他坐在竹子前冥思苦想了七天七夜，也病倒了，还是没有格出竹子的理来。这说明什么呢？就是说认识事物的道理，掌握事物的性质，不是那么容易的，是需要你做出各个方面的努力，才能够得到的。也就是说，你要掌握事物的各个方面的情况，然后知道事物的性质，然后才能掌握事物的规律。只有这样你才可能抓住机遇，取得成功，这就是命运。唯有"穷理尽性以至于命"，才能掌握自己的命运。不能依靠一些街头巷尾的算卦、算命，来预测自己的命运。

| 生生哲语 |

命给人以定数，运赋人以梦想

命静穆地划过云端，运高歌着迎接未来。运有迁徙、运行、运动、运转、运送、运用等意思。《周易·系辞上传》曰："日月运行，一寒一暑。"运就个人讲为人运，就国家言为国运，就世界说为世运。凡人的祸福，事的成败，国的兴衰，世的悲欢，都与运气、运会、运命、运祚不离而为二。

命给人以定数，运赋人以梦想。荀子说："遇不遇者，时也，死生者，命也。"时机、际遇，给人以想象的空间，乃是偶然的运，生必意蕴着死，这是必然的命。"汉承尧运，德祚已盛。"汉兴获唐尧的气运，国家兴盛。韩愈在唐宪宗时，极谏迎法门寺佛骨。他比喻说，汉代"明帝时始有佛法，明帝在位才十八年耳，其后乱亡相继，运祚不长。宋齐梁陈元魏已下，事佛渐谨，年代尤促"，国运不长。

因此，若以命运为必然性，是着眼于命的必然性，而非着眼于运的偶遇性。梦想在我心中，梦想在我手里，梦想在我脚下，只要我时时怀念不忘，心手脚一齐努力，幸运的梦想就在眼前。

如何在日常生活中出场

人活在世上就要生活，怎样生活得好？这是人生的内涵。应该如何生活？有以下几点建议。

生活原则

第一，立己立人。孔子讲"己所不欲，勿施于人"。自己不愿意要的，不要强加给别人，例如，我不要战争，也不要把战争加给别人，我不要痛苦也不要给别人痛苦。这对于国家和个人都是普遍价值。子贡说："我不欲人之加诸我也，吾亦欲无加诸人。"这里我得到一个启示，父母不要强加给孩子一些自己的想法。不要把自己的需求和压力加给孩子，要和孩子交心。孔子还讲："夫仁者，己欲立而立人，己欲达而达人。"讲仁爱，就是自己想独立起来，就让别人独立起来；自己想通达，也让别人通达。孔子讲三十而立，自己成功立业了，也让别人成功立业。例如，在企业竞争对手之间，不能相互排挤，不是你死我活的竞争，不是大鱼吃小鱼，小鱼吃虾米，而是将对方的存在当作自己创新和前进的推动力。儒家的"己欲立而立人，己欲达而达人"，同样适用于国家和个人，自己独立了，也要帮助他国、他人独立；自己发达了，也要帮助他国、他人发达。现在我们讲互利共赢，也是这个道理。而有些国家发达了，限制其他国家的发展，这是不对的。从这个意义上讲，中国的思想有一种博大的胸怀，是多元的，宽容的，是我们中华文化博大精深的所在。以现实国家交往为例，我们中国人口众多，中国人有饭吃，经济发达了，本身就是世界和平、发展、合作的一种稳定因素。中国的发展本身就是一种对世界的贡献，而且我们发达起来后也帮助其他不发达国家发展。

第二，和谐相处。和谐是非常重要的。《论语》中讲"礼之用，和为贵"。和是最可贵的。孔子讲"君子和而不同，小人同而不和"，"君子周而不比，小人比而不周"。这就是说，人与人之间有不同意见是很正常的现象，虽有不同而应保持和谐。但是小人，同而不和，结党营私，排斥异己。儒家是强调和谐相处的，如今我们国家提出的国际主题是"和平、发展、合作"，这是构建和谐世界的一个重要原则。从国家到世界都要遵循这个原则，家庭"家和万事兴"；贸易交往活动"和气生财"；国家团体"和衷共济"；人与人之间"和气致祥"。个人、家庭、国家、世界都需要"和"。改革开放以后我们讲安定团结，只有在安定团结、和谐的环境下才能发展经济，国家才能强大兴旺起来。

第三，诚实守信。孔子讲"言必信，行必果"，讲话要求诚信，行为必求结果。"言忠信，行笃敬"，孔子认为即使是到了蛮夷之地，也该这样做。现代社会有很多不诚信的现象，例如食品安全问题屡屡出现。这不仅仅存在于我们国家，在其他国家也存在。这都是不讲诚信，而诚信是最重要的。孔子谈到人"自古皆有死，民无信不立"。任何人、团体、企业、机构不讲信，没有道德，那是无法立足于世的，无信不立，诚信非常重要。《中庸》有言："诚者，天之道也，诚之者，人之道也。"这是天道、人道的问题。孟子说："反身而诚，乐莫大焉。"孔子讲："富与贵，是人之所欲也，不以其道得之，不处也；贫与贱，是人之所恶也，不以其道得之，不去也。"这就是说，财富和官爵，这是人人都愿意得到的，但是如果不以正道得到的话，则不能要。要靠正道来得到，升官要靠行政能力，百姓拥护，而非歪门邪道。贫与贱这都是大家不希望得到的，如果要是去掉它们，用得不是正道，那么也是不行的，这是做人的重要原则。我们该如何获得我们所欲得到的，要靠正道，即符合道德的正当的途径和方法。

第四，严于律己。孔子讲："修己以敬，修己以安人，修己以安百姓。"这就是要修身，修养自己，严肃认真，使人安乐，使百姓能安身立命。所以《大学》中讲不论天子还是庶人，都要以修身为本。《大学》中有"格物、致知、诚意、正心、修身、齐家、治国、平天下"，这是其八条目。首先要格物致知，然后意识和思想要诚实，心要正，然后才能修身、齐家、治国、平天下，这都是要从修身做起。有一次，皇帝诏朱熹为侍讲，朱熹从长沙回到杭州，朋友问朱熹，你给皇帝讲什么，他说讲"正心诚意"。朋友说皇帝肯定不爱听。皇帝只听了40天，就斥退了朱熹。正心诚意是十分重要的,所以孔子才强调修己,只有修己才能安人、安百姓、安国家。所谓"上梁不正下梁歪",作为领导心一定要正。孔子曰:"政者,正也。"为政治国就是要端正,这是十分重要的。上正才能下正,上不正,下效而行,国将亡。

享受幸福

现在网上都在讨论"你幸福吗"。把幸福作为我们生活中的一个重要方面,我想这是很好的,说明我国经济发展了,文化发展了,思想水平提高了,人们都在追求幸福的生活。幸福有多种多样,有人以金钱多为幸福。石崇与王恺斗富,结果石崇是斗胜了,成为当时首富。为了宣扬自己的富有,就在河阳金谷盖了一座非常豪华的别墅,奇花异草,亭台楼阁,小桥流水等等。同他非常宠爱的色艺俱佳的绿珠生活在一起,应该说非常幸福地生活着。但福兮祸之所伏,当时赵王司马伦专权,谋臣孙秀派人向石崇索求绿珠。石崇不肯,对使者说:"绿珠是我所爱,别人休想得到她。"这个孙秀贪财又贪色,他假传皇帝的命令,要他把绿珠献出来,并命令逮捕石崇。这时,石崇正在楼上宴请,听说武士要来了,他就跟绿珠说:我是为你得罪人的。绿珠就跳楼自杀,石崇就被逮捕了。临死时,官吏问他,为什么要逮捕你?石崇说,孙秀贪我的家财。旁边官问他,你既然知道他贪财,你为什么还吝啬这个财富呢?因为财富而死,有财富幸福吗?石崇富可敌国,但不知进退,以致遭杀身。《老子》中说:"身与货孰多?"生命与财富哪个更重要?"得与亡孰病?"名利与毁身何者是真正的祸害?所以,幸福往往与悲哀、祸患相联系。

印度酒业和房地产巨头莲蒂·查达和弟弟哈迪普·查达,他们拥有600亿卢比的家产,过着非常奢侈的生活,人们以为他们很幸福,但2012年11月17日两兄弟为争10亿卢比的一座庄园而爆发枪战,双双毙命。

有人以名利为幸福。一旦名声大了,就可以获得辉煌的政治资本,什么代表啊,委员啊,头上的光环随之而来。有人捧他,有人吹他。他以为自己很幸福,很了不起,人人眼光盯着他,媒体也盯着他。他觉得做名人确实很幸福,但是不要忘了,曾经有一位美国四星级上将,名气很大,美国人视他为英雄,成为众多女人心目中伟大的男人,追求的对象。他有妻子霍利和一儿一女，在他人生道路上是很幸福的。但他坚守不住自己，与其传记作者、西点军校的校友布罗德韦尔发生婚外情，结果辞职，他说我结婚37年，被婚外情冲昏了头脑，作为一个丈夫，作为一个机构的领导，这种行为不可接受。从这里可以看出，福祸相依。所以说财、名，尽管说你可以享受到幸福，但是带来的结果也可能是毁灭性的。

有人以权势为幸福。慈禧太后以掌握权势为幸福，却落得后世的骂名。埃及哈特女王和丈夫图特摩斯二世，他们没有儿子，以妃子的儿子为皇太子，即图特摩斯三世，10岁登基，女王把自己的女儿嫁给三世做皇后，名正言顺地成为其儿皇帝，宣布自己为摄政王，为自己修神庙。三世在此期间韬光养晦，女王执政22年，取得很大成功。死后，三世对其政治势力进行清洗，毁掉神庙中所有女王的雕像。她一生操持权势，以为很幸福，但死后也很悲惨。从这里来看，幸福和悲哀都是相连的，幸福和灾祸也是相依的。

什么是幸福？幸福是人的心灵或精神对生活现象、生活境遇的一种体验与感受、追求与理想。如何体验幸福，据报道，一个女士，她买到自己梦想已久的房子，幸福感油然而生。当听到她的好友、同学买了一个更好的、更大的房子，她觉得很失落，幸福感骤然降低，她为什么比我好的念头就产生了，回家冲老公发脾气。她的老公刚刚得到提拔，她老公乐滋滋的，觉得很幸运，很高兴。但老公的同学，提的职位比他还高，又觉得失落。他觉得他们在学校的时候，无论是学习也好，还是能力也好，我都比他强多了，结果他升得比我还快，本来觉得我提了职称，心里觉得很高兴、很幸福，同别人一比，又觉得失落了，心里郁闷，夫妻俩心里都有气，说不上几句就吵起来了。攀比是忧伤的渊薮，欲望是悲哀的源泉。所以幸福就是自己主体的一种感受和体验。

在《红楼梦》第76回中，林黛玉在贾府得到贾母的特别喜爱和宝玉的格外呵护，但她自己觉得很失落，有点身在福中不知福，不去享受生活，心里总想着无父无母的孤独和悲哀，不看自己拥有的幸福，只看自己没有的自卑，以这种心情与宝玉恋爱，便把甜蜜变成了痛苦。史湘云在襁褓中时父母双亡，依靠叔叔婶婶生活，她的处境还不如黛玉，可是她多看自己的拥有，少看自己的没有。湘云曾劝慰黛玉："你是个明白人，何必作此形象自苦。我也和你一样，我就不似你这样心窄。何况你又多病，还不自己保养。"心宽能载物，心窄愁杀人。多看自己的拥有，幸福感油然而生；多看自己的没有，悲凉感缠人不去。凭借自己的体认、智慧和创造，变没有为拥有，转危机为机遇，化悲凉为愉悦，林黛玉的命运也许会转变。

追求快乐

既然幸福是人的心灵或精神对于生活状态和生命现象的体验和感受，那么，快乐亦然。孔子说："学而时习之，不亦说乎？有朋自远方来，不亦乐乎？"在孔子看来，学习求道，这就是很快乐的事情。孔子说，即使我吃粗粮喝冷水，弯着胳膊当枕头，快乐在当中。从这里我们可以看出，孔子一生为了求道，为了自己的理想，尽管当时的君主没有采用他的主张，但他仍孜孜不倦地宣扬自己的学说和思想，至今仍得到人们的尊崇，这是不朽的。孔子一生没有很大的功业，却得以立言流传，留给后世巨大的精神财富和启发。所以人们不应该总是追求肉体的生命，更应该追求价值生命、道德生命。肉体生命是要过去的，要消灭的，而价值生命和道德生命是会留存下来的。《论语·述而》曰:"其为人也,发愤忘食,乐以忘忧,不知老之将至云尔。"用力求道,忘了一切的忧愁。

快乐的生活,孔子讲到有三种有益的快乐,有三种有害的快乐。"益者三乐,损者三乐。乐节礼乐,乐道人之善,乐多贤友,益矣。乐骄乐,乐佚乐,乐宴乐,损矣。"第一乐,当时在国家动乱、礼崩乐坏的情况下,如果礼乐文化得到协调,这是一种快乐,人活在和平与协调的环境中,是会很快乐的。第二种快乐,多言别人的好处,而不去讲别人的坏处。别人好的方面,我就加以学习,而不是嫉妒诽谤。第三乐是交有益的朋友,即交善友,近朱者赤,近墨者黑。与贤友交往,使自己受到有益启发和教育。

至于有害的快乐,第一,不要总是觉得自己高人一等,得意扬扬,骄傲看不起人,这不是真正的快乐。骄横放肆,丧失理智,这是危害他人的快乐;第二,不要总是逸乐、游游荡荡、优哉游哉、无所事事,这种快乐是虚度年华,并不是真正的快乐。游手好闲只能危害自己的青春生命;第三,就是吃吃喝喝,荒淫无度,这种乐只是暂时的,并不是真正的快乐。灯红酒绿，易贪赃枉法。这样，孔子就对快乐加以了区别。人们保持正确的快乐观、幸福观，才能得到真正的幸福和快乐。不可求一时的快乐，而应该追求长远的快乐幸福。

人生的幸福快乐既是一种心态，也是一种境界，如何拥有这种心态，升入这种境界，是对人生生命智慧的考量。

一是做平常人、怀平常心。这是对人生智慧的体认，对世情的洞悉。平常人贵有平常心。这样才能不攀比、不计较，淡泊名利。对物质、名利视若浮云，对一切物欲横流之事不屑一顾。好事让人，不图回报，做自己欢喜做的平常事，幸福感自然就来，一切烦恼自然消退。

二是想得开，放得下。碰到挫折、打击想得开，人事复杂纠纷看得淡，被人污蔑造谣想得开。善于放下酒色财气、权势美言，放下工作、考试、评审压力，放下一切危机与挑战、痛苦与恩怨、执着与偏见、惊喜与恐惧。"宰相肚里能撑船"，在想得开、放得下中享受幸福与快乐。据说有一个叫黑指的婆罗门教徒向佛祖献花，佛祖说："放下"，婆罗门放下左手；佛祖又说:"放下",婆罗门放下右手。佛祖再说:"放下",婆罗门黑指不解其意。佛祖说:"我要你放下六根、六尘、六识,你才能从生死桎梏中解脱出来。若放不下,便自找烦恼。"人的一生就是在放下、放不下中艰难度过的,放得下,幸福快乐就拥抱你;放不下,幸福快乐就离你而去,以致毁灭心身。

三是看得远,境界高。近视眼,就会把事情看偏了;境界低,就会把事情看窄了。心偏心窄,就会带来种种烦恼、郁闷、痛苦、忧愁、焦虑等,生活就会过得很不幸福快乐。再遇到打击、批判、困难、挫折,就会走向绝路。看得远,就会变困难为顺利,变失败为成功,变打击为友好,变批判为帮助,变挫折为机遇。一切要从长远考虑,从大处思量,度越个人肤浅的视野,视打击是对自己意志的锻炼,困难使自己意志更坚强,就会使自己心平气和,而享受幸福快乐生活。

四是知足常乐。在当今"五鬼"闹天下的时代,人往往被金钱、权势、虚名、女色、美言五鬼所迷惑而不能摆脱。昏昏然、迷迷然,以小人为君子、以娼妓为贵妇、以金钱为宝物、以粪土为珍珠。追之犹恐不及，无有知足之时。贪心一开、胃口大张，而不知悟而知返，结果身败名裂。《老子》中说："知足不辱，知止不殆，可以长久。"不知足必会遭到耻辱，不知止必会遇到危险，不知足知止，必然不能长久。不贵财嗜利，就不会受辱，不徇名徇势，就不会灭身。知足知止，才会享受快乐幸福。

天生我材，本意是要人生享受幸福快乐，人们何必放弃呢？和合人生，拥抱幸福快乐，自然而然。

| 生生哲语 |

回归生活

鱼儿依水而生,草儿离土而亡,生命有待生活的资源而生存。孟子说:人民没有水火等维持生命的必需品,就不能生活下去。黄昏时分叩人家的门来求水火的人,是为救人的生命,没有不给予的。圣人管治天下,使粮食如同水火那样多,人民哪有不互相仁爱的呢?古以水火多,今以水火少;今是人多,古是人少。有限的水火已不堪人多的消费,水缺,火也缺。水火资源的消费却不顾水火痛缺的呼喊,到了"亢龙有悔",只有靠"会自我创造的和合存在"了,这就是生活,这就是和合而生。

回到生活,关注生活,享受生活。然生活是坎坷残酷的,是反复无常的,是荆棘载途的。萧望之为皇帝师傅八年,遭人诬陷,被逼迫自杀。于是望之仰天叹曰:"吾尝备位将相,年逾六十矣,老入牢狱,苟求生活,不亦鄙乎!"害人者知道萧望之素来高节,不堪屈辱,必然自杀。生活惨苦,生命难存。在屈辱面前求生活,毋宁保持高节情操而自杀。

生活导致贪欲,生活导致腐败。梁朝临川靖惠王萧宏，纵恣不悛，穷奢极欲，府第华丽，拟比帝宫，珍膳盈溢，食之不尽，恣意聚敛，库室百间，充满金银珠宝。"宏性爱钱，百万一聚，黄榜标之，千万一库，悬一紫标，如此三十余间。帝与佗卿屈指计见钱三亿余万，余屋贮布绢丝绵漆蜜纻蜡朱沙黄屑杂货，但见满库，不知多少。帝始知非仗，大悦，谓曰：'阿六，汝生活大可。方更剧饮，至夜举烛而还。'"豫章王综以宏贪吝，作《钱愚论》，以讽宏。钱财为身外之物，生不带来，死不带去。萧宏虽富可敌国但像浮云那样轻飘飘地流去了，又有谁守得住？

第三章

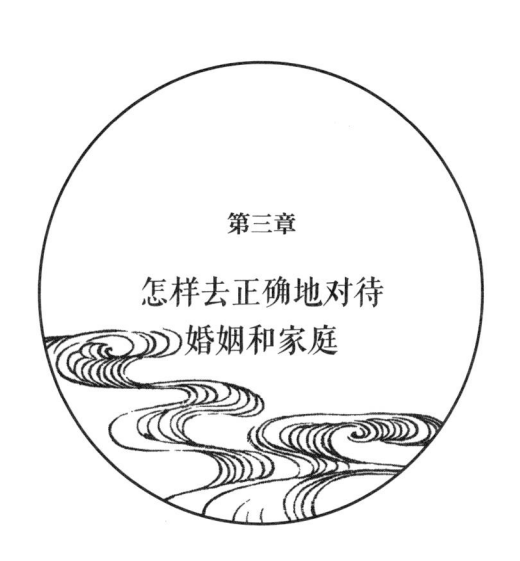

怎样去正确地对待婚姻和家庭

婚姻与家庭是每个人都关心的问题，也是关系每个人切身利益的问题。有人说，人生三件大事：一是生，二是婚姻，三是死。但是现在年轻人当中，对婚姻家庭问题抱有一种矛盾的心态。一方面既期望，又害怕；又一方面既觉得幸福，又觉得很恐惧；再一方面觉得既甜蜜，但又很苦涩。

害怕的是婚姻成为埋葬爱情的坟墓，恐惧的是婚姻和家庭会成为限制自由的桎梏，苦涩的是婚姻和家庭会促成浪漫情调的毁灭。英国弗兰西斯·培根曾讽刺独身主义者："有一种人过独身生活是为了保持自由，以避免受约束于对家庭承担的义务和责任。但这种人可能会认为腰带和鞋带，也难免是一种束缚呢！"这就是对上述忧虑的回应。从这个意义上看，我们怎样去正确地对待婚姻和家庭，这是我们现在需要探讨和关注的问题。

何谓婚姻？传统经典的定义

家庭是社会的基本细胞，婚姻是构建家庭的基本元素。"家和万事兴"。家庭和合的基础在于婚姻的美满，夫妻恩爱的感情。多少年来，人们期盼憧憬"在天愿作比翼鸟，在地愿为连理枝"的美好家庭生活。男女双方百年好合、永结同心，古人认为这是和合爱神的赐福。相传和合二仙就是爱神，和仙手持荷花，象征并蒂莲；合仙手捧盒子，象征好合。和合二仙主婚姻和合，所以民间结婚的时候都要贴和合二仙的画像。

"十年修得同船渡，百年修得共枕眠。"婚姻是修来的，要呵护、要珍惜。

为什么叫婚姻？《白虎通义·嫁娶》中讲："婚姻者，何谓也，昏时行礼，故谓之昏也。妇人因夫而成，故曰因。"昏是太阳下山，男女在夜晚约会，亲密相伴，以订终身，或晚上入洞房，夫妇相见相亲。《诗经·陈风·东门之杨》："昏以为期，明星煌煌。"女人因为有了丈夫，才成为妇人，这便是姻。孔颖达在《毛诗正义·丰》中说："男以昏时迎女，女因男而来。嫁谓女适夫家，娶谓男往娶女。论其男女之身，谓其嫁娶，指其好合之际，谓之婚姻。嫁娶婚姻，其事是一。"这是古人对婚姻嫁娶的具体解释。

男女嫁娶婚姻和合成家庭。《礼记·昏义》中讲："昏礼者，将合二姓之好，上以事宗庙，而下以继后世也。"男女婚姻和合，也表示二姓的和合，以至两国的和好。也是为传宗接代，使上以祭祀祖宗有人，下以后继有人。弗兰西斯·培根说："虽然动物也能传宗接代，绳绳不绝，但只有人类才能有荣誉、功德和持续不断的伟大工作。然而，为什么有的没有留给后代，却留下了流芳百世的功业？因为他们虽然未能复制一种肉体，却全力以赴地复制了一种精神。"

男女婚姻和合，由家庭而推及社会、国家之间的和合。《焦氏易林·履之益》中说："衔命上车，合和两家，蛾眉皓齿，二国不殆。"奉命上车出嫁，夫妇和合两家，姑娘年轻又美丽，两国关系多融洽。《焦氏易林·噬嗑之家人》："析薪炽酒，使媒求妇，和合齐宋，姜子悦喜。"劈柴温酒接待媒人，使她为我去提亲，和合齐、宋两国，男女双方都高兴。《家人之渐》又说："执斧破薪，使媒求妇，和合二姓，亲御饮酒，召彼邻里，公姑悦喜。"

《周易》载："鸣鹤在阴，其子和之。"有人解为声音相和，也有人解为男女婚恋相和。《诗经》中的婚恋和合的描述生动亲切。《诗经·常棣》曰："妻子好合，如鼓琴瑟。兄弟既翕，和乐且湛。宜尔室家，乐尔妻帑。是究是图，亶其然乎。"郑玄笺："好合，志意合也。合者，如鼓琴瑟之声相应和也。"夫妻如鼓琴瑟之好合，家庭妻小都非常喜悦。百年好合的"好"字，清代黄生《字诂》解释说："余谓好从女从子，盖和合二姓，以成配偶，所谓好也……言和好如婚姻也。"这是天作之合的美好祝愿。人唯有结婚，男阳女阴和合，才是完美的人生，天地造人，上帝造人，就是一男一女，和合为夫妇，人类才能生生不息，单阴单阳的独身，人生是不完满的。

古代中国不主张独男、独女

从中国婚姻制度演变的历史来看,上古人只知其母,不知其父。《庄子·盗跖篇》记载:"神农之世,卧则居居,起则于于,民知其母,不知其父,与麋鹿共处,耕而食,织而衣,无有相害之心。"这是一种母系社会的写照,猜想神农也可能是女性。

《吕氏春秋·恃君览》记载:"昔太古无君矣,其民聚生群处,知母不知父,无亲戚兄弟夫妻男女之别。"这时还没有嫁娶婚姻家庭观念。《参考消息》2011年8月17日转载加拿大《环球邮报》8月15日发表的《中国一个母系氏族社会受到威胁》报道:云南摩梭人居住的泸沽湖畔,以女人为社会中心,儿女随母姓,家中女人说了算,可以跟她们喜欢的男性情人共度良宵。男人与母亲居住,摩梭语中没有丈夫或父亲的说法,只有走婚一说。摩梭人说,母系制度有利于减少社会冲突。温泉村的负责人阿琪·杜之玛说："我觉得女人当领导要温柔些,她们解决冲突的方法比男人更和平,男人用力量解决争端。我总是开玩笑说,要是女人统治世界,世界就和平了。"这就是活的母系社会的情况。

为什么存在母系社会?因为古代一个氏族强弱就看人口的多少,妇女能生孩子,就特别受到崇拜。这就是当时对妇女的生殖崇拜。这个时期,我们可以讲婚姻制度是以群婚制为主的。到了后来,从母系社会的群婚制向父系社会的一夫一妻制过渡过程中,出现了外婚制、对偶婚以及一妻多媵制。《周易·归妹》上记载:"归妹以娣。"娣是什么意思呢?娣是指嫁女以其娣为媵,即以妹妹陪嫁。比如说唐尧看到舜比较贤能,就把他的女儿娥皇嫁给舜,同时也把她的妹妹女英嫁给他。娶一个妻子同时陪嫁的还有她的妹妹,也可以是她的叔叔的达到一定年龄的女儿陪嫁。《诗经·大雅·韩奕》载:"韩侯娶妻,诸娣从之。"这种多媵制从氏族社会延续下来,《左传·成公八年》:"卫人来媵共姬,礼也,凡诸侯嫁女,同姓媵之。"是合乎礼仪的。

由群婚制经由媵姻形式和对偶形式而过渡到一夫一妻制，这是中国传统婚姻制度的变异和分化。《周易·小过·六二爻辞》："过其祖，遇其妣，不及其君，遇其臣，无咎。"母死称妣，祖父母和妣受后世兼祭。妇女成为正式妻子，得到社会的认同。《蒙·六三爻辞》："勿用取女，见金夫，不有躬，无攸利。"有解释为女人见了有金钱的男人，便失身于他，不会得到利益。《蒙·九二爻辞》："包蒙吉，纳妇吉，子克家。"刚刚怀孕，胎儿虽未成形，则福祥。娶儿媳妇，吉祥，儿子成家。

古人视嫁娶是人生大事，因此非常重视婚礼的程序和仪式。《礼记·昏义》中有详细的规定，"君子重之。是以昏礼，纳采、问名、纳吉、纳征、请期，皆主人筵几于庙，而拜迎于门外，入揖让而升，听命于庙，所以敬慎重正昏礼也。"纳采，《仪礼·士昏礼》记载用雁作为礼物，称为禽，宋代称敲门，可用羊、酒、布为礼物；问名，女子名字、八字，归卜于男方的宗庙，以测联姻的吉凶；纳吉，男方卜得吉兆，派人告知女方；纳征，宣告正式订婚，又称文定，向女方送聘礼；请期，把迎亲吉日告知女方。最后迎亲，新郎亲自到女方家迎接新娘。民间习俗，迎亲有很多讲究。

迎亲的场面很热闹，甚为壮观，有迎亲的，也有抢亲的。《周易·贲·六四爻辞》："贲如皤如，白马翰如，非寇婚媾。"装饰得素白的样子，白马高昂着头来了，不是抢亲的，而是迎亲的队伍。《周易·屯·六二爻辞》："屯如邅如，乘马班如，匪寇婚媾。"欲进而难行不进，骑着马在那里盘旋回转，不是寇贼来抢，而是来娶亲的。云南傣族抢亲，也是迎亲的一种形式，有真抢和假抢的。抢婚是男爱女，女不愿，男方在抢婚前偷走女方的衣物，女方向男方要更多东西。由男女双方大人同意，女方不同意而抢婚；有演变成抢婚与反抢婚：女方关大门、堂门，通过送礼才能通过，直到抢到女人，然后其兄弟姐妹反抢，形成激烈而热闹的争夺场面，最后抢得女人。

从中国古代婚姻制度的演变中可以看出来，婚姻是和合的结晶。古代中国不主张独男、独女。因为阴阳不相配，独阴、独阳并不能使中华民族延续下去，所以一定是男女相配，"男女构精，万物化生"。

什么才是好的婚姻观

随着婚姻制度的变异,妇女在家庭中的地位也发生变异,《周易·渐·九五爻辞》:"妇三岁不孕,终莫之胜,吉。"妇女三年不怀孕,始终未被凌侮,吉祥。妇女不孕不育,受社会歧视,是被男人"休了"的理由。《渐·九三爻辞》:"夫征不复,妇孕不育,凶。"楚竹书《周易》作"妇孕而育",男人出征不归家,妇女怀孕,凶。这是贞淫问题,古人反对不贞。《恒·六五爻辞》:"恒其德,贞,妇人吉,夫子凶。"恒久保持其德行,守正道对妇人来说吉祥,对丈夫来说凶。要求妇人恪守贞操,从一而终,突出古代妇女的贞操观。

《仪礼·丧服》记载:"妇人有三从之义,无专用之道。故未嫁从父,既嫁从夫,夫死从子。故父者子之天也,夫者妻之天也,妇人不贰斩者,犹曰不贰天也。"三从就是三重桎梏；四德，《礼记·昏义》载："教以妇德、妇言、妇容、妇功。"妇德指妇女要贞顺，辞令要温柔，容貌要婉约，女工要精熟。这便是古代妇女的价值观、功夫观。

孔子的婚姻家庭观稍异。《礼记·哀公问》记载："鲁哀问亲迎。"孔子说："合二姓之好，以继先圣之后，以为天地宗庙社稷之主，君何谓已重乎！"孔子又说："天地不合，万物不生，大昏，万世之嗣也。"孔子认为大婚应予重视。这不仅有关两姓、两国的好合，而且是先圣功业后继有人，使天地宗庙、社稷祭祀有人。天地不合，犹如夫妇不好合，万物不生，万世无嗣而绝后。孔子遂言曰："昔三代明王之政，必敬其妻子也。有道，妻也者，亲之主也，敢不敬与？子也者，亲之后也，敢不敬与？君子无不敬也。"大婚是指天子、诸侯的婚姻，这是非常敬重的大事。天子、诸侯要冕而亲迎，以示敬重。三代王道之治，必敬重其妻子，不敬就要伤身、伤亲、伤本。

基于此，《周易·序卦传》把男女夫妇之道放在父子、君臣之首位置。"有天地，然后有万物；有万物，然后有男女；有男女，然后有夫妇；有夫妇，然后有父子；有父子，然后有君臣；有君臣，然后有上下；有上下，然后礼义有所错。夫妇之道，不可以不久也。"男女夫妇是家庭、社会、国家、制度的起始和基础，敬妻子，就是敬重社稷的根本。这与妇女要三从四德稍有异趣。

现在社会上的婚姻观，一种是为了钱，为了追求一种富裕的生活，"宁可坐在宝马车里哭，也不要坐在自行车上笑"。为了追求物质的享受和金钱，宁可牺牲自己的青春和幸福。这种拜金主义价值观，其实是对自己的虐待。

第二种婚姻观，就是为了自己升官发财，他可以采取各种手段，包括牺牲自己婚姻的幸福。据报道有一个男士，在某单位工作，他的职位比较低，是一般的员工。他就设法与单位领导的女儿谈恋爱结婚，结婚以后，他就得到领导的提拔。在这个过程中，他也结识了很多朋友，还有比他老丈人地位更高的官员，他便跟他的老婆离婚，与一个地位更高的领导干部的女儿结婚，这样他又得到了领导的信任和提拔。后来再一次遇到了级别更高的一个领导，他又离婚，找了那个领导的一个女儿结婚。这样他以这种不道德的行为，一步一步得到提拔，把离婚结婚作为升官发财的一种手段，不惜牺牲妇女的利益，牺牲妇女的幸福，其实也牺牲了自己的幸福。

第三种婚姻观就是追求房子、车子、票子，"三子"俱全，才具备结婚的条件。宣称没有车子不跟你结婚，没有房子不跟你结婚，没有票子你不能保证我的生活享受，也不能结婚。本来婚姻和家庭是和合爱神的赐福，现在把其异化成了获得某种不道德私利的手段，这是对百年好合的家庭和婚姻的一种亵渎。

古今中外美好爱情婚姻的画卷，可以把人们带进司马相如与卓文君浪漫美满的婚姻，祝英台与梁山伯倾心相爱的情怀，贾宝玉与林黛玉脉脉不舍的爱意，以及罗密欧和朱丽叶坚守不渝的爱情。从中我们可以看出来，爱情婚姻是神圣的。然而现在一些女孩子为了自己的物质享受，不惜出卖自己的肉体。有一个报道，上海有几个女中学生，她们觉得父母给的钱太少了，不够用，怎么办？她们几个人一起去出卖肉体，来获得钱。完全不顾羞耻，思想被物欲的蛀虫腐蚀空了。

李大钊说："两性相爱，是人生最重要的部分。应该保持它的自由、神圣、纯洁、高尚，不可强制它、侮辱它、污蔑它、屈抑它，使它在人间社会丧失了优美的价值。"如此，应怎样来对待婚姻和家庭？首先应该树立正确的婚姻观、道德观、价值观和幸福观。就是说你认为怎样才是有价值的，怎样才是幸福的，怎样才是安全的。婚姻和家庭，这本身就是社会的一种和合，是社会道德的一种体现，同时也是正确价值观的一种建立。如果说我们把人看作是追求名利而活着，或者是追求物质利益而活着，那么在这样一种价值观支配下，婚姻往往就会出现偏差。

比如一些人面对物欲横流情境，不能坚守婚姻的城堡，造成夫妻分道扬镳，致使离婚率不断攀升，甚至出现闪婚闪离的状况。据《北京青年报》2012年12月9日报道，杨先生与李女士相识五天就闪婚，2009年12月22日登记结婚，相处不足10小时为婚礼争吵，2012年1月闹离婚。英国《每日电讯报》网站2012年11月21日报道，婚姻破裂大多是因为家庭琐事，如谁做家务多少的争执等。

夫妻二人既然走进婚姻殿堂，就应该互敬互爱、同舟共济、患难与共，矢志不渝。中国传统思想往往把夫妻比喻为天长地久的天地关系。《中庸》："君子之道，造端乎夫妇，及其至也，察乎天地。"天地氤氲，化生万物，夫妇和合，养育儿女。天地和合，风调雨顺，五谷丰登；夫妻和合，家庭兴旺。《荀子·礼论》说："欢欣和合。""执子之手，与子偕老"，这是千百年来恩爱和睦、幸福美满家庭的理想。

如此，应该有一种基本的道德来对待婚姻问题，就是说我们起码应该遵守一个基本原则，要忠于婚姻，诚实地对待婚姻；自己应该自律，要求自己不违反两性之间的道德。

家庭中的每一个人要做一个负责任的人，做丈夫的像丈夫的样子，做妻子的像妻子的样子，做父母的像父母的样子，做子女的像子女的样子，各正性命，共享美满温馨家庭的快乐。正确的婚姻观，对于我们稳定社会、稳定家庭、教育子女、侍奉老人，都是非常重要的。如果我们没有父仁、母慈、兄友、弟恭、子孝、夫妇相敬这样的道德观念，我们的家庭就会很糟糕，社会也是不稳定的，会造成很多的社会问题，比如杀老婆，甚至杀父母等都有发生。由此看来，维持家庭的和睦稳定，对于社会的稳定有很大的作用。

| 生生哲语 |

古代女性的服饰文化

妇女服饰是时代风景线,因此式样变化很大。东汉建安时期,女子爱好长裙而上甚短,三国吴孙休时改为上长下短。以后又反复变化。

妇女服装主要有襦、袄、衫、两裆、抱腹、帔、裙、裤褶等。日常衣服是上身襦衫,下身长裙。两裆,《晋书·五行志》载:"元康末,妇人出两裆,加乎交领之上。"抱腹是汉代妇女内衣。庾信《梦入堂内》载:"小衫裁裹臂,缠弦掏抱腰。"帔即相似于今的披肩。裙是古今妇女主要服饰,制作材料和款式多样,贵妇人多着曳地长裙,北齐武成帝高湛为胡皇后制真珠裙裤。裤褶西晋时在一定范围内使用,北朝时流行。

魏晋时妇女服饰取决于丈夫的官职。皇太后,皇后,妃嫔,诸王太妃、王妃,诸长公主、公主,各级官员夫人承袭汉制,在祭祀时穿深色。皇太后、皇后服饰为绀(稍微带红的黑色)上皂(黑色)下,其余人等都全身皂色。

隋唐时皇后、妃嫔、内外命妇在正式场合的服饰,与汉魏、北周异,隋文帝定皇帝为袆衣、鞠衣、青服、朱服四等。唐高祖简为袆衣、鞠衣和钿钗礼衣三等。

袆衣在受册、助祭、朝会时穿，鞠衣在亲蚕时穿，钿钗礼衣在宴会宾客时穿。

《武德令》规定内外命妇按品级不同而异。

妇女平时所穿的便服，与严格按品级穿着礼服不同，比较自由。内外命妇"既不在公庭，而风俗奢靡，不依格令，绮罗锦绣，随所好尚。上自宫掖，下至匹庶，递相仿效，贵贱无别"。命妇与庶人妇女，宫廷与地方妇女，日常穿着打破了贵贱品级的差别。

宋代皇后、后妃规定穿袆衣、朱衣、鞠衣、礼衣等，常服有大袖、长裙、霞帔等。宋仁宗时民间妇人禁止以金珠装缀衣服，白色、褐色毛缎、淡褐色匹帛亦禁止制造衣服。

可见，古代妇女穿着较男子穿着自由。

一团和气：家庭的幸福密码

明宪宗朱见深曾命画工在"和合致祥"四字下，画一面容慈祥的老妪展示"一团和气"的手卷，喻示老百姓心中期望国家一团和气，不要动乱，家庭一团和气。《尚书·多士》说："自作不和，尔惟和哉。尔室不睦，尔惟和哉。"室家和合融洽，如果不和，要使其和合，不能使不和扩大。我们面对婚姻、家庭中出现的各种矛盾、各种冲突的状况，应该怎样来化解呢？

夫妻双方共同呵护，相敬相亲

一是互爱。互爱是营造幸福美满家庭的基础，夫妻双方共同呵护、相敬相亲、皓首偕老的价值观、道德观。家庭中夫妻要互相多理解、谅解。有矛盾，多替对方想一想，冷静理智，不要暴躁、草率，切忌不问青红皂白就大吵特吵的口水战,会大伤感情。夫妻之间多交流沟通,有看法、意见说出来,可以消除误会,不要憋在心里,矛盾意见越积越多。多了解对方的生活理念、生活习惯,有不一致的地方,互相包容。平时生活中多关心、体贴对方。以感恩心善待对方。

夫妻要互相信任,坦诚相待,不要心生他想,切忌疑神疑鬼,互相猜忌,不要攀比。20世纪70年代流行这么一句话,老婆是别人的好,文章是自己的好。看到别人的老婆漂亮,自己老婆好像各方面都不如别人的老婆,一些人就产生了一种邪念。这对于家庭来说,确确实实是一种非常强的破坏力。现在第三者插足的情况,报纸上也经常报道,需要随时规避诱惑。荷马史诗中的英雄、远征特洛伊的希腊军团的首领优里西斯,他曾被困于海岛上,为仙女克立普索所爱,许以长生不老,他念夫妻之情,抵制了美丽女神的诱惑,回到妻子身边,保持对妻子的忠贞。

家庭当中,怎样来共同教育子女?往往就是夫妻两个人,对于教育子女产生分歧,甚至为这个事吵架。当然不同的人有不同的教育子女的方法,母亲有母亲的想法,父亲有父亲的想法。父亲比较严,甚至要打、要骂，母亲当然就不同意，有时候就维护孩子，娇惯孩子，为此往往吵架。特别是孩子成绩不太好的时候，甚至某一次考试成绩不符合家长的要求，这个时候夫妻之间的互相埋怨就比较多了，也比较大。特别突出的是夫妻吵架的时候往往互相揭短，被自己孩子看到、听到，确确实实不是好的现象。为什么呢？你想把一方压下去，说他的不好，这在孩子的心目当中，作为父母的形象就受到了损害，以后教育孩子的效果也会受损害。因为他对你们不信任，孩子对你们有看法，你们的威信受到了损害，你们的话也就没有权威性，对孩子的教育就达不到预期的目的。

　　夫妻要想互相维护对方的威信，维护对方的权威，给孩子一个好的印象，那就要多看多说对方的优点，这是使家庭和合、和谐的一个很重要的方面。另一方面，夫妻之间要互相体贴、互相体谅。家庭当中，往往为一些鸡毛蒜皮的事情而吵架。其实柴米油盐酱醋茶，天天都会碰到的，尽管我们白天上班，晚上回家也还会碰到这些问题。星期六、星期天也会遇到这些问题，我们不能天天去外面吃饭。谁来做饭做菜？谁来洗菜洗碗？谁做多做少？互相埋怨，往往为这些事情闹意见，会损伤感情，破坏家庭和睦。

家庭之间也有这样的情况，为了一些生活习惯上不同，比如说我对你看不惯，你的袜子臭啊，乱丢啊，有的说东西掉在地上你也不捡，比如说为某一件事情，买一个东西，你说买这个好，我说买那个好，往往意见不一致。意见不一致肯定会有，但是要互相体谅、互相谅解。从这个意义上看，维持一个家庭，确确实实是一个很大的问题。

我们怎样去学好这个学问？这对于每个人来说，都是很重要的。一方面不要攀比，跟邻居攀比，跟这个攀比，跟那个攀比；不要疑神疑鬼；对方有缺点，互相宽容，互相忍让，平等侍奉双方老人，不要使丈夫在妻子与父母之间很难做人，也不要使妻子觉得受委屈。这就是互爱。

海纳百川，有容乃大

二是忍耐。中国古人把家庭和睦、夫妻恩爱，归结为一个"忍"字。宋代司马光撰的《家范》一书中举了这么一个例子，说治家要忍耐，要有理性。唐代有一个张公艺，九代人生活在一起，唐高宗知道以后，就非常佩服。麟德年间，唐高宗到泰山封禅，路过他家，到了他家以后，看到这个情况，就问张公艺，是怎样做到家庭和谐、九代聚居的？这个一般人家很难做到。现在三世同堂都很难了，四世同堂就更没有了。张公艺就在纸上写了一百个"忍"字，要忍。家庭当中很多矛盾、问题都是不忍造成的，比如说兄弟分家，你多我少，就吵闹，现在为此而打官司。中国古代有一个流传甚广的故事，汉代京城田氏三兄弟田真、田庆、田广一直和睦相处，庭院中有棵紫荆树，长得花繁叶茂，但是后来他们闹别扭，要分家，紫荆一夜之间就枯萎了，兄弟三人大为震惊，大为感动。于是兄弟不再分家，和好如初，紫荆花又盛开如故。晋代陆机作诗："三荆欢同株，四鸟悲异林。"李白亦感慨说："田氏仓卒骨肉分，青天白日摧紫荆。"今日中国要发展，要振兴，必须继续弘扬中华民族优良传统，特别要倡导和合，强调团结。

家庭里头婆媳关系总是搞不好，现在城市里一般来说都是父母和儿子分开来住，为什么？就是为了避免家庭当中的代沟所产生的一些不和谐。我们也要承认，老人和年轻人现在的价值观念确实不太一样。譬如说孩子要吃麦当劳，老人说这是垃圾食品，可小孩子就爱吃，老人觉得不好，价值观不同看法就不一样，造成代沟，现在十几岁的孩子和四十岁的父母有代沟，六十岁的父母和四十岁的子女也有代沟，代沟也造成很多家庭的矛盾。忍字当头，互相谦让，和谐相处。

公平则无怨怼

三是公平。古人讲，均无贫，和无寡，安无倾。家里财产分配要均匀，就没有贫穷，家人相处，大家团结一致，家人相安无事，家庭不会有祸害。善于治家的人，就要做到齐家。家庭分派公平，即使吃粗茶淡饭，也不会有怨恨。若不公平、有偏心就造成了家庭不和谐。《红楼梦》里头有这么一个例子，贾母有一天因为节日要摆酒宴，全家人团聚一起。这个时候王熙凤是最能讲故事的，但是今天贾母的大儿子贾赦却讲故事来助兴。他说有一个医生去看一个心脏病人，他扎针灸来治病，扎到那个他认为治心脏病的穴位上，可是老是治不好。后来有人告诉他，你应该往左偏一点。他就往左偏一点，结果就把这个心脏病人给治好了。这个时候贾母自我调侃说，我也应该请医生来看一看。这是什么意思呢？因为贾母喜欢她的第二个儿子贾政，而不太喜欢她的大儿子贾赦，所以贾赦就说了这么一个故事，意思是说贾母有偏心。由此可见，家庭不要有偏心，应该公平。一家人要和和气气，和谐生活，不应该有偏心，偏心就会使家里有怨恨。

现在一般来说，是三口之家，好像没有偏心不偏心的问题。如果有几个兄弟姐妹，父母就可能有一点偏心，对这个好一些，给那个多一点，比如说有的东西就给大儿子，不给二儿子，给大女儿，不给二女儿。这就不太公平，这样也会闹矛盾。尽管是三口之家，因为互相之间的攀比，兄弟姐妹之间的攀比，与邻居的攀比，也会产生问题。当然独生子女也有这个问题，独生子女要结婚的话，对于父母双方也会有这样的问题，一方是偏爱自己的女儿，一方偏爱自己的儿子，只怕自己的子女受委屈，也会造成一些矛盾，这在我们现实生活中也存在，甚至闹到要离婚的地步。为什么呢？女方的父母总是维护女方，男方的父母总是维护男方，这一维护，就会产生矛盾，以致造成离婚。

为儿孙积聚钱财，不如给后代遗留功德。司马光《家范》中记载，唐代有士大夫，其先人曾是国朝名臣，家里有很多钱，但很吝啬。每次家里所有的开支他都过问，他有很多的金银财宝存在一个房间里头，他把钥匙挂在自己裤腰带上，晚上就放在枕头下面，只怕他的儿子给花费掉。正好他病了，他的儿子就把钥匙偷出来，把那个宝库打开，并且把这些财宝花掉了。他一看他的钥匙没有了，非常气愤，结果也就气死了。可是他的儿子并没有因他的死而悲哀，反而说他是守财奴，埋怨对他们吝啬，并且为财产而打斗。从这个意义上来看，家庭不在于富，而在于公平，在于父母公平对待子女，在于时时用做人的道理教育子孙，以促使家庭和睦相处。

涿郡太守杨震与此相反，他生性公廉，子孙经常粗食步行，他的亲朋好友和同乡长者都劝他为儿子们置办产业，杨震始终不肯，他说："使后世称为清白吏子孙，以此遗之，不亦厚乎！"留一个清白美名给子孙，这不是很丰厚的遗产吗？也使子孙脸上有光。这对于现在我国的官吏来说，不是很好的箴言吗？司马光《家范》中，举当时新近去世的张文节的例子，他在担任宰相的时候，居住的房屋破旧到不能遮蔽风雨，衣服和膳食也跟他担任河阳书记时没有差别。他的亲戚劝他说:"你一个月俸禄那么多,生活如此俭朴,外人不但不把你的清廉俭朴看作美德,相反以为你像公孙弘一样在沽名钓誉呢!"文节感叹地说:"以吾今日之禄,虽侯服王食,何忧不足!然人情由俭入奢则易,由奢入俭难。此禄安能常恃,一旦失之,家人既习于奢,不能顿俭,必至失所,曷若无失其常!吾虽违世,家人犹如今日乎!"听者都佩服他的深谋远虑,这都是以功德留给子孙的遗产。当前的"官二代"应引以为戒。

身教重于言教

四是以身作则。父母教育子女,言教不如身教,也就是说身教重于言教。《大学》上就讲"格物、致知、诚意、正心、修身、齐家、治国、平天下"。怎么样"齐家"?齐家的重要条件就是要修身,怎样修身?那就是说要格物致知,比如对家庭、婚姻这个对象,你能够对家庭、婚姻的性质、责任、义务以及所能预计的矛盾有一个正确认识,这样你的意就诚了,你的心就正了。意诚,诚就是诚实、诚信、忠诚于婚姻家庭,这样你心没有邪念,没有这个歪心,没有花天酒地的念头，就不会被外在的酒色财气所迷惑、引诱，自己修身才能够很好地齐家。家不齐，不仅毁了自己，也毁了家。

自己不修身，当然家就齐不了。所以古人讲，"君君、臣臣、父父、子子"。做领导的就要像个领导的样子，做父亲的就要像个父亲的样子。那是什么样子？也就是做领导、父亲的应该自己以身作则，自己言正、心正、行正，起码做到"三正"。你的言辞要正，你的心要正，你的行为要正，这样才能够把家治理好。做儿子的就应该孝顺父母，尊敬父母。孔子讲赡养父母，侍奉父母吃饭，如果仅仅使他能够有饭吃，这个禽兽也能做到。还应该孝敬，就是孝顺尊敬父母，这样才是真正尽到一个儿子的责任。

现在许多是独生子女家庭，独生子女唯我独尊，娇生惯养，成了家里的"小皇帝"，他不知道应该怎样孝敬父母了。我们有时曾自我调侃，有了孙子了，爷爷当孙子；有了儿子了，父亲当儿子，关系就错位了、颠倒了。在家庭中应互相尊重敬爱，夫妻上对父母、下对子女的敬爱，是家庭和谐的基础和关键。永春在《家庭和谐初探》中说"郎才""女貌"，随着时间流逝，夫妻之间出现"剪刀差"。50岁之前为感情危机期，顺利度过危机期，男人应有"贫贱之交不可忘，糟糠之妻不下堂"的信念，不要做陈世美类人物，不要放纵自己，在生活上为财色所迷，而成终身恨。与妻子携手相伴，白头到老。"女貌"应该克服骄娇二气，若不改，丈夫在家里得不到温暖，久而久之，就可能把丈夫推向送温暖人的怀抱。妻子若善于经营家庭，体贴丈夫，尊重老人，就会不断增强家庭凝聚力、吸引力，让一家人在其乐融融中享受家庭的温馨。这就是做妻子的应该像个妻子的样子，做丈夫的应该像个丈夫的样子。

以礼治，家则安

五是以礼治家。中国本是一个礼仪之邦，父子、兄弟、夫妻、朋友、上下之间有一套礼制。现在人与人平等、互相尊重的基础上也应该有一套礼仪制度，国有国礼，家有家规。现在很多人在日常生活中、家庭关系中，都不太讲礼，以为这是旧社会的糟粕，其实礼是规范人在一切生活交往活动中所不可或缺的，否则人就沦落到与禽兽无差别了。朱熹曾作《家礼》，规范家庭中父子、兄弟、夫妇之间礼仪，保持家庭和谐。

司马光在《家范》里举了这么一个例子。唐代河东节度使柳公绰，治家很严，遵循礼法，中门东边有一间书房，只要不是朝见皇帝，就在书房里看书，他要求他的孩子们，包括他的媳妇装束整齐在中门之北向他请安。古代做子女的、媳妇的都要来向老人请安，晚上拿着书对着他的爸爸来复习，来背诵。然后开始讲做官治家的道理，这样坚持20年，子孙们后来按此做官治家，做到了齐家治国，取得了功业。家庭有礼的话，家庭就很和睦。

这样子的话，正如古人讲的"无所措手足"，你的手、脚就不知道往哪里放了。手脚都不知道往哪里放了，就是无所适从了。所以说要有一定的礼。礼是什么意思呢？礼就是分，礼就是别。那么乐呢？乐就是和，就是爱。中国讲礼乐文化。礼讲分别，父亲就是父亲，儿子就是儿子，父亲待儿子就应该讲义，儿子待父亲就应该讲孝；母亲待儿子是慈，儿子待母亲也是敬。

礼乐文化，就是既讲分别，又讲和爱，这样国家和家庭就能和谐。我们现在家庭当中就缺乏礼乐，今后应该加强。比如说我的韩国博士生和日本的高级进修生,如果我们一起喝酒,他们对着老师和长辈都要转过身去喝酒。我的韩国博士生,他有两个子女,他的子女到我家的时候,一定要跪下来拜,说来拜爷爷,韩国依然存在这种礼节。我们从小就应该培养孩子懂礼,这对于建构和合温馨家庭、稳定社会,使社会能够以一种文明的态势延续下去,是很重要的。

有人讲,婚姻就像春天绚丽的鲜花,就像夏天热情的奔放,也像秋天丰硕的果实,像冬天温馨的家庭。家庭是什么呢?是一个安全的港湾,温馨的乐土,幸福的故乡;是抚平烦恼的诊所,是放松神经的温床,是快乐的伊甸园;是由浓浓爱意包裹起来的乐园,是使人获得再生的力量,是用爱改变人性缺失而趋完美的境界。英国弗兰西斯·培根说:"夫妻的爱,使人类繁衍。朋友的爱,致人以完善。但那荒淫纵欲的爱,却只会使人堕落毁灭。"古诗人荷马说,那追求海伦的巴立斯王子拒绝了天后朱诺的财富、智慧之神密纳发的智慧,而专情于海伦,所以将金苹果给了海伦。忠于爱情,终获幸福。如此,我们的社会也会是幸福的、快乐的、和谐的。

第四章

人的自我实现：破碎心灵的治疗

有了人就有了人的形体，以及五脏六腑，人的形体由心灵统率和主使，因此讲心灵。

什么叫"心灵"

人是身与心的和合,即物质性的身体与精神性的心灵的和合。我们每个人都有一颗心,没有心,人就活不成,没有灵魂,就是植物人。这个心怎样?我们每个人是不是把自己的这个心认识清楚了呢?实际上,我们每个人对自己这个人和我们的心永远认识不完。德国浪漫主义作家阿德贝尔特·封·沙米索写了一篇小说叫作《出卖影子的人》。现在如果出卖心灵,就等于出卖了自己的影子;出卖自己民族的心灵,就等于出卖了自己的脑袋。在《出卖影子的人》这一篇小说里,写到一个叫彼得·史勒密的人,他为了求得自己的幸福和自己的享受,把自己的影子出卖给了魔鬼。他就可以得到一切,他要好的衣服,就马上有好的衣服。他要一个宫殿式的房子,就有一个宫殿式的房子;他要漂亮的妻子,就有一个漂亮的妻子,他享尽了可以享受的人间的一切美好幸福生活。

但是他付出了沉重的代价，他不能见阳光，也不能见月亮，甚至不能见灯光，为此他终日忧心忡忡。在这种情况下，他觉得就像生活在一个黑暗的牢笼中一样。他觉得这是一种非人的生活，所以他后悔把自己的影子卖给了魔鬼。他宁愿放弃一切，金钱、美女和享受，也要把影子赎回来，可是魔鬼不答应。从这个意义上来看，我们的心灵确确实实是和我们的人同在的，也就是说我们应该有一个健康的心灵，有一个完满的心灵，有一个美好的心灵。这样，我们才能够做一个真正的人。我在小时候，大人就常常说，如果人的影子没有了，就是给鬼捉去了，人就会死。所以，我小时候走在太阳、月亮、灯光之下，总要回头看自己有没有影子，看见自己影子才放心。

民族的心灵就是民族的精神，一个没有心灵的民族，就是走向死亡的民族。一个没有精神的民族，就是走向没落的民族。民族心灵健康，表明民族健康。过去侵略者说我们中华民族是"东亚病夫"，说明我们心灵不健康。我们在向西方学习的时候，把自己老祖宗的一切东西全打倒，"文化大革命"当中，打倒一切封资修，横扫一切牛鬼蛇神。把一切传统的东西全扫除干净。这无疑相当于出卖民族的灵魂，或出卖中华民族的影子。从这个意义上看，说明我们对于自己民族的作为心灵载体的文化精神没有很好的认识，我们今天应该对自己民族的心灵和精神有一个正确的判断，塑造健康的民族心灵。

什么叫心灵？心灵是指内在于人的思维、理智、意识、审美、心理、情感、意志、理想、信仰、价值、情操等精神活动状态和过程的和合体。孟子说过一句话，叫作"心之官则思"。是说心是一个思想的器官，这句话对后来的思想影响很大，很多人都接受他的观点。荀子说："形具而神生。"范缜说："形存则神存，形谢则神灭。"三者相近。《黄帝内经》讲："头者，精明之腑。"猜测到脑与脊髓与人心灵的关系，即头脑的问题，脑髓的问题。到了清代的时候，就认为脑是思维的器官。王清任提出"脑髓说"，对"灵机、记忆不在心在脑"作了论证。临床证明，如果脑腔里只有浆液的无脑化，不仅无心灵活动，还会死亡。譬如俄国发现异头同体双生子，一个叫马莎，一个叫卡嘉。这两个人两个脑袋，身体四肢、心脏、肺、胃，完全是共同的。马莎不爱睡觉，不爱说话，而且喜欢静；卡嘉呢？总爱睡觉，而且脾气比较暴躁，喜欢动，两个人常常自言自语，性格就不大一样。为什么不一样？心是同一个，只有脑不一样，证明是脑的活动，也就是它的作用、功能不一样。这可以证明，脑是支配人的行为、支配人的思想的器官，这个就是心灵的、精神的、脑的活动。

脑的活动世界，即心灵世界，是人的形形色色精神活动的总和，包括以解蔽为对象的思维认知活动；表现喜怒哀乐情绪的心理活动；是否合乎中节的情感活动；获得心灵愉悦的审美活动；修身养性的道德活动；追求净心的理想人格活动；追求意义的价值活动；敬畏宗教的信仰活动；本能冲动和欲望的活动；某种直觉、想象、顿悟、幻觉等无意识活动。

心灵世界是人的现实社会生活活动内化，和人对自身内心活动之间的体验的、复杂的、互动的结晶。

现代人心灵的冲突和病症

当前我们的心灵世界究竟怎样？我们在现实生活中，对于现实生活的认识和现实生活对于我们人的引诱和牵累，就产生了很多的心灵冲突。不管是佛教也好，是道教也好，还是儒家也好，都对心灵问题有种种分析。佛教认为心有一百心所，就是有一百个心灵的状态。从现在来看，据记载我们的心灵大概存在着这样几种冲突和病症：

一是都市白领阶层。他们的工作压力很大，工作时间长，生活节奏快，精神高度紧张，得不到很好的休息和调适，身心疲惫，而出现抑郁症、精神障碍等心理问题。它使内分泌功能失调，人体免疫力下降，而导致各种生理疾病。

二是离婚人士的心灵创伤。人们在生活当中，造成很多的矛盾，使得夫妇产生不和，甚至离婚，给男女双方造成身心伤害。我看见一些离婚的人，半年时间内精神还是萎靡不振、愁眉苦脸，为此伤心，子女问题也好，财产分割问题也好，都很麻烦。我知道有一个名教授，在美国生活得很好，家里也很富裕，结果离婚了。他把房子都给了女方，还要抚养子女，他就觉得自己一无所有了，造成心理负荷过重而诱发心理疾病。

三是贫困家庭的人，生活压力很大。这包括那些贫困的学生、下岗的职工，还有一些农民工。这些人由于生活比较贫困，又没有固定收入，所以压力就很大，造成精神上的痛苦。

四是中小学生，包括大学生。特别是小学生、中学生，各种考试不断。我的孙子和孙女，他们就经常考试。一个星期考一次，为什么会这样呢？说句实话，小学升初中，考试成绩不好就进不了好学校。初中考高中就更难了，考上一个好学校就真可以平步青云了，还有人讲，考到人大附中就等于进了大学了。这样竞争当然就很激烈了，考试的压力很大。每个学校都想自己有几个拔尖的学生，加以重点培养，于是什么重点班、奥赛班就出现了，这样学生压力就更大。这些学生如果成绩考不好，回来父母就说他们，你怎么考得这么差啊！为什么别人考得那么好啊……所以他们的精神压力确确实实非常大。会诱发心理疾病，如反应迟钝、过激、焦虑不安、恐惧症等。

五是商业精英分子。他们由于事业的挫折，造成精神的郁闷、痛苦、悲伤等等。生意场如同战场，为追求事业成功，往往拼命工作，自我加压，导致心理失衡。在当今经济不景气的情况下，不自我调适，容易诱发抑郁症、孤独症等。

六是青少年网恋。现在网络发达，我们小的时候还没有网络，甚至连电视都还没有，所以那个时候学习还比较专心一点。到了我儿子那一辈有了电视，还限制他们看电视。现在青少年对网络兴趣很高，上网成瘾，上网聊天游戏，导致思想长期处于虚拟状态，影响正常的学习、认知、情感、心理定位，难以适应现实生活，对心理、生理都有伤害。不仅影响他们的学习成绩，也影响他们的成人。

七是老年人缺少关爱。现在很多是空巢家庭。我们学校像我这样年纪的老人，子女大都在国外，家里就是老两口子，生病也没有人照顾，不知道怎么办好。

所以他们觉得很苦恼,生病没有自己的子女照顾很不方便。台湾一个学者也告诉我,他说我们这里老一辈教授的子女,很多在国外,甚至办丧事都是我们学生给他们办的,孩子工作忙回不来,或者回来也晚了,这对老年人来说,也是一个很大的精神压力。

八是炒股、投资一族。现在股市情况不大好,很多人被套牢了,不仅得不到回报,还要赔本,产生挫折感,心里不平衡。

还有一种情况,是弱势群体,面对瞬息万变的现实社会,产生不适应感,对社会不公平现象看不惯。他们在社会上没有地位,说话没有响应。在农村就发生很多问题,比如说征地,征了地以后农民怎么生活,无田耕种,粮食没有了保障。过去的中国是有田就有恒产,有恒产就有恒心,所以孟子讲五亩之宅,树之以桑,五十者可以衣帛矣。再养鸡、养鸭、养猪、养狗,这样这一家就有吃的、穿的,生活就可以安定了。现在农民丧失土地以后怎么办,所以他们也无所适从,思想上没有安全感、归属感。

面对如此诸多复杂的心理冲突,造成了心理问题,严重者甚至会产生自杀的极端行为。如果心灵封闭精神解不开，就会产生严重后果，其轻度表现如焦虑、急躁，发生不太文明的事情。譬如2012年10月18日，广州地铁4号线上一位六旬老人与一名28岁青年人因争座位发生互殴，青年人头、手臂布满血迹，耳朵被咬破，老人鼻部受击流血。这种情况，折射了社会的浮躁、焦虑，使人的承受力、宽容力降低，心理失衡，罔顾尊严。以上种种心理冲突和疾病，都需要心理治疗。

心灵病痛的根源及疗法

"心结"源于无止境的欲望

柏拉图曾把心灵分为理性、欲望、激情三部分。由于对此三部分的各方面没有保持"中和"状态,而带来种种心理障碍,表现为严重、轻度、症状性、大脑疾患性、行为偏离性等心理障碍。如何治疗心理障碍,中国传统认为"心病终须心药治",这便是现代所说的心理治疗,心理治疗是应用心理学的理论和技术,通过心理咨询帮助人正确处理家庭、婚姻、教育、职业及生活等方面的心理问题;精神分析治疗,通过自由联想与对失误和梦的解释,把压抑在无意识中的动机愿望召回到意识中来,达到治疗效果;以及完形疗法、认知行为疗法等。

当下我国心理治疗,除上述方法外,用治疗心病的"心药"解开"心结"为重要方法,这个"心结",

一是欲望和现实的矛盾,二是期望与情感的冲突,三是自利与他利的冲突,四是个人与社会的冲突等。人作为一个肉体,作为一个有形体的人,当然有欲望。我们每天碰到的衣食住行用的基本需要须得到满足,这是应该得到的。有欲望并不是一定不好,中国古人说:"食、色,性也。"欲望是人性的组成部分,人类的本能。正因为人有欲望,所以有梦想。因为有欲望,所以我们要思考怎么样去改造世界,怎么样去创造财富,怎么样去使国家能够得到发展。所以欲望是一种推动社会发展的原动力,也是人类改造自身、促进个性成长的推动力。欲望之心是人内在躁动的一种力量,古人说,"哀莫大于心死"。从这个意义上说,我们不能把欲望完全否定。老子否定有欲望,他认为"五色令人目盲,五音令人耳聋,五味令人口爽,驰骋畋猎令人心发狂,难得之货令人行妨"。五色、五音、五味等欲望损害人的身心。因此,老子主张无欲,"我无欲而民自朴"。我想老子的话,也太绝对了一点。作为一个人来看,他要吃、要穿、要饮。可能要吃得好一点,住得好一点,这样就有一种欲望,有欲望他就自己去努力、去创造,以达到目的,实现自己的人生价值。

这对于推动社会进步是有利的。

欲望不能膨胀,欲望过度地释放,就会出轨,造成损害、破坏,无论是禁欲主义者把欲望看作洪水猛兽,还是纵欲主义者放纵情欲,尽情享乐,都对欲望不能自制。特别是物质少、欲望强的时代,就会发生争夺以至战争。人的欲望不满足,就会感到难受,为满足欲望就要付出代价。据说印度人为了捕捉猴子,做了一个木笼子,木笼子里头放着猴子喜欢吃的食物,猴子就把手伸到木笼子里去抓这个要吃的食物,这个时候如果它放手的话就可以逃走,如果不放手的话就被逮到了。猴子之所以不放手,那就是一种欲望,要吃这个食物的欲望。这也是考验人的心灵的问题。人当然比猴子要聪明,这是毫无疑问的。但是我们很多人明明知道贪污受贿是犯罪的,还要用手去抓这个贿赂而不放手,这就是鬼迷心窍,心灵被钱财的贿赂所迷,知法犯法,去贪污,抓贿赂,那不就被逮住了吗?所以就被双规。有些人总觉得自己一个人做事别人不知道,若要人不知,除非己莫为。

欲望蒙住了眼睛,也蒙住了理智。一个人在任何时候、任何情况下,要牢记慎独。《中庸》有言:"是故君子戒慎乎其所不睹，恐惧乎其所不闻，莫见乎隐，莫显乎微，故君子慎其独也。"是说在别人看不到、听不到的情况下，自己也要十分谨慎，惧怕违背道德、法律。尽管隐蔽不暴露，细微不明显，也要慎独，修身养性，不去做犯罪的事情。在任何情况下，不要有贪欲之心，一旦有了贪欲之心，就被魔鬼缠住了不能脱身。要把贪欲心去了，即你要抛弃贪欲的心。普希金写了一首童话叙事诗，就是《渔夫与金鱼的故事》，渔夫得到一条金鱼，金鱼是很有灵气的，而且是一个宝贝。渔夫的家里有一个破木盆，一座破房子。渔夫的老婆起初的欲望，只希望有一只新木盆。渔夫的老婆说，金鱼啊，你能不能给我一个新木盆？金鱼就给她一个新木盆。新木盆得到了。渔夫的老婆说，金鱼啊，你能不能给我一座好的房子，金鱼就给她一座好的房子。她得到了好木盆，得到了好房子，她不满足，她说你能不能给我好的衣服，金鱼就给她华丽的衣服。她还不满足，她说我要做女皇，她就当了女皇，有很多人伺候她。她说她要当海上女霸王，她就当了海霸王。可是当渔夫的老婆当了海霸王以后，她要金鱼当她的奴仆。金鱼就无法忍受了。渔夫的老婆又回到了破木屋中和破木盆旁。这是对于人性中贪欲的真实写照，欲望是一个无底洞，没有满足的时候，也永远不能实现一个又一个新的欲望。

欲望是一步又一步地无穷发展膨胀，欲望既是社会发展的一种动力，又是一种社会的消极因素和一股坏的力量。《红楼梦》第一回描写甄士隐穷困潦倒，又投人不着，心中悔恨。在街上见一个跛足道人，口中念着《好了歌》："世人都晓神仙好，惟有功名忘不了！古今将相在何方？荒冢一堆草没了。世人都晓神仙好，只有金银忘不了！终朝只恨聚无多，及到多时眼闭了。世人都晓神仙好，只有娇妻忘不了！君生日日说恩情，君死又随人去了。世人都晓神仙好，只有儿孙忘不了！痴心父母古来多，孝顺儿孙谁见了？"写出现实社会的状态。我们冷静想一想，亦是当今现实社会的真实写照。

| 生生哲语 |

性摄心灵

识心见性，性统心情。

亲情、友情、爱情、恩情、实情、情趣、情面等，都发于本心，发形于外为情，未发为性。喜、怒、哀、惧、爱、恶、欲等，统称为七情，亦属性的内涵的体现。

"天爱其精，地爱其平，人爱其情。"人是有七情感情的，与天地异。动物也有喜怒哀乐的情绪，而无人类的情意、情志，主观愿望，任情返道。"渐老偏谙世上情，已知吾事独难行。"老来深知世情常理，孤雁难飞。

人内心的欲望，因应感情表现。美的爱好它，恶的厌恶它，得到就喜欢，失掉就悲哀，这是人的常情。耳朵欲听五声，眼睛欲看五色，口欲尝五味，这就是情感，是人的生命活动的外在显现。

欲有情，情有节。嗜欲无穷，贪心无度。社会必生贪鄙悖乱，劫夺奸诈。上则骄横残暴，荒淫无度；下则不知廉耻，无仁无义。

情感由本性而化生，又违反人的本性；欲望起于情感，又损害人的感情。要保持人的清净纯正，必须收敛人的五官情欲。

过三关

现在来看，一个人特别是领导，起码要过三关，一个是金钱关，一个是美女关，一个是权力关。如果是一个清心寡欲、道德高尚、心灵健康的人，这三关过得去。为什么很多人都闯不过去？金钱关很明显，很多官员贪污受贿，走上了犯罪道路。美女关，现在查出的贪官，一查很多都有情人。要供养情人你就得有钱，有好房子，工资不够花，就去贪，如果你要满足情人的要求，你就会走上贪污受贿的道路，这是很可悲的。还有一个权力关，人的权力越大，胆子就越大，所以讲有绝对的权力，就有绝对的腐败，这句话有一定的道理。它说明什么呢？有了绝对权力以后，就会肆无忌惮，在这种情况下，就容易无视国法而走向犯罪。所以要过这三关，你必须从我们的心灵当中来找根源，不能把你的欲望膨胀到无所不为的地步。

如何过三关？

一是知足。老子说："祸莫大于不知足，咎莫大于欲得。"人之所以有灾祸、有罪过，是由于有不知足和贪欲之心。据说佛教的僧鞋前露五趾，后露脚跟，提醒人时时看穿六烦恼：贪、嗔、痴、恶见、疑、慢，只有低下头来，才能看得穿。看穿这六根本烦恼，便可解脱贪欲、贪爱，而不非分而取；解脱损害他人心理和憎恶不好环境；觉悟愚痴迷暗，转无明为明，认清贪欲的危害；慢是傲慢自负，自以为是，以致不顾国法。必须天除；不要犹豫狐疑；要纠正知见不正。如果对贪欲有正见，就能知足，而获得快乐。《增广贤文》说："知足常足，终身不辱。"

二是知止。为人处世，适可而止。《增广贤文》说："知止常止，终身不耻。"这是一种以理智控制、掌握自己欲望和行为，而达到中和的操守，只有如此，才会不断取得成功，实现人生价值。公元前494年吴王夫差亲自统率大军攻打越国，越国战败，越王勾践和范蠡到吴国为奴，夫差出门让勾践牵马，回来替夫差更衣、脱靴，以羞辱勾践。勾践回越国后，卧薪尝胆，在范蠡和文种的辅佐下，很快使越国恢复了元气，获得了发展。范蠡辅佐越王勾践，苦身戮力，与勾践深谋，二十余年，竟灭吴，报会稽之耻，并称霸诸侯。范蠡为上将军。《史记·越王勾践世家》记载："范蠡以为大名之下，难以久居，且勾践为人，可与同患，难与处安，为书辞勾践曰：'臣闻主忧臣劳，主辱臣死。昔者君王辱于会稽，所以不死，为此事也。今既以雪耻，臣请从会稽之诛。'勾践曰：'孤将与子分国而有之，不然，将加诛于子。'范蠡曰：'君行令，臣行意。'"范蠡放弃权力，甚至对"分国而有"，也不屑一顾，终于乘舟浮海以行终不反，做到急流勇退。范蠡到了齐国，改姓埋名，自谓鸱夷子皮，苦身戮力治产，成为大富翁。齐人听说范蠡是贤人，请他担任国相。他自谓久受尊名，不祥，归还相印，尽散其财产，分与知友乡党，到了陶地，又致资累巨万，又成为大富翁，天下谓其陶朱公。范蠡屡次知止，而终身不止。范蠡在齐的时候曾写信给其好友文种："飞鸟尽，良弓藏，狡兔死，走狗烹。"劝文种退隐，文种虽见信称病不上朝，仍被勾践所杀。不知止，进一步前途凶险；知止常止，退一步海阔天空。四川青城山有联曰："事在人为，休言万般皆是命。境由心造，退后一步自然宽。"

三是知觉。觉与迷相对，财迷、色迷、权迷，人为迷套牢，为迷执着，而不能解脱。人只有抛却色、声、香、味、触、法六尘的迷惑，才能获得涅槃解脱。四川宝光寺布袋和尚诗："手把青秧插满田，低头便见水中天。心地清净方为道，退步原来是向前。"这清净心已超脱了尘世的种种烦恼和牵累。《增一阿含经》说："若有弟子得正解脱，其心寂静，所作已作，更无可作，所办已办，更无余事。犹如巨石，风吹不动，色、声、香、味，美妙诸触，乃至一切可意、不可意法，皆难动摇，如斯行者，其心坚固，常生解脱。"这便达涅槃境界，也便是觉悟的境界。

知足、知止、知觉，便可闯过金钱关、美女关、权力关，而达到灭去贪、嗔、痴、慢、疑诸烦恼，身无恶行，意无恶念，身心寂静，就是涅槃。

| 生生哲语 |

唤醒生知

当人们细细品味神谕的时候,智慧渐渐打开它的窗户,窥见生命的心灵、生性的心情在一起思议,唤醒生知。

智慧越过岁月的烟云,我们每次与你相识相知,都以你的闪光,打开我们智慧的闭塞眼光。

岁月驻脚于五千年前的那一刻,在龟甲上现出了一个智字。字的构成是左于、中口、右矢、下面无日、或白、甘。金文却做了一次手脚,中间的口不动,左右错位,有了知的雏形。矢犹如箭的疾速而有声。

箭矢射向一定的目标,有声使人产生知觉。矢、口、于集合起来,意为人与外物接触迅速有知觉,在中国汉字"六书"中是一个会意字。

以最直白的话语诠释智的权利,是拒绝那虚无遗弃智。智的广袤把虚无纳入心里。

世事都有一定顺序,走路都有一定目标,到达路程目标必须预先知道怎么走,这便是知、知觉,对知的深入无误的理性判断,谋略未来方向,便是智慧。知、知觉当是智的初始的意义。因此,古代知与智犹如父母与其子女,有共相的基因而通用,有殊相的个性而差分。

如何化解心灵危机

现代人与人关系疏离，家庭解体，单亲家庭增加，老小失养，孤寡无助；加之竞争激烈，生活紧迫，精神世界极度空虚和孤独。个人的焦虑、烦恼、苦闷、痛苦，无穷无尽，无处倾诉。如何调适心灵世界的冲突，亦成为当前人类所面临的共同课题。

上文所述"知足、知止、知觉"的三知，也是对贪欲之心的控制，不能让贪欲之心的野马任意狂奔。柏拉图曾以"灵魂劣马"作比喻，驭马人只有与理性良马一起才能战胜贪欲的劣马。这就是说人自身（驭马人）必须修身养性，提高道德情操，也需要外在法制，即古代的礼法，双管齐下。

中国古代讲礼乐文化，礼是讲分、讲别，乐是讲和。礼依据社会的等级制度，制定各种礼仪，若违反礼仪，就要受到惩罚，而具有法的意义和价值，如家有家法，国有国法。孔子说："道之以德，齐之以礼，有耻且格。"礼有齐民的行为的效用。礼与理通，就是说你得有礼仪、道理，思想心灵上有正确的认识、正确的观念、正确的价值观来制约你的欲望，使你的欲望限制在一定的范围内，而不去做损害自己、家人、社会的事。要想化解当前心灵所面临的冲突和危机，我们应该采取什么方法？

养心为本

我们要有一个和合的心态，心理上要平衡。怎么样做到心理平衡？中国古代讲，要养心，怎么样做到养心？我们过去讲修身养性，修身养性本身就包含了养心的内容。

怎么来控制具有贪欲之心的灵魂劣马？儒家就讲"不动心"，佛教就讲你不能被外在的一些物质所引诱。不动心是什么意思呢？即对于外在名利、地位、财富，也就是说酒色财气心不动，做到心不动，心就能安。富贵利禄死后是带不走的，名却可以留下来。所以一些人最重名和功业。战国时公孙丑问孟子：如果齐国请你去当宰相，你可以实行你的主张，小则可以成霸业，大则可以成王业，这是不足为怪的。如果遇到这种情况，你动心吗？孟子说："我四十岁以后就不动心了。"孔子讲四十不惑，不会被外在的事物、物质、名利所引诱、所迷惑了，所以孟子讲我四十以后就不动心了。

公孙丑再问，你怎么样做到不动心？不动心有什么方法吗？孟子说：比如说北宫黝，用刀去刺他的肌肤，他动都不动。戳他的眼睛，眼睛眨都不眨，这就是不动心。这是什么意思呢？他是说外在的富贵利禄的刺激、外在的力量、外在的引诱我不顾，眼睛也不眨，心也不动，这才叫作不动心。孟子说的不动心，不仅是一股无所畏惧的盛气，如眼睛不眨、心不跳，而且是一种对正义的把握和体认，是集义所生的至大至刚的"浩然之气"。

养心是积善集义，与道义相合一的过程，以保持内心世界的和合。养心不仅是道德理性的培养和体认，而且是"求放心"的过程，孟子说："学问之道无他，求其放心而已矣。"孟子认为心本来是善良的，但是你把你的这个善良的本心放出去了。"求放心"就是把那放失心找回来。失去这善良的本心，你没有找回你的善心，被外在的世界所引诱，做出很多坏事。比如你家里的鸡鸭羊走失了，你晓得把它们找回来。为什么你的良心丧失了，不知去找回来呢？把善心找回来，这就是说要"求放心"。

人的良心、善心的丧失，既有外在的利益、外在的物质所引诱的原因，也有内心的原因。就内因来说，就是人的欲望、私欲、贪心。由于这种贪欲之心的滋长，就会做出违反良心、善心的事来，假米也好，假鸡蛋也好，甚至卖假药害人，这就没有天理良心了。孟子认为人性本来是善的，但你把善心都放出去了，抛弃了，你又不找回来，当然就危害人、危害社会、危害国家。现在食品安全大家都很担心，有些人吃饭都不敢吃了，到饭店也怕菜是地沟油炒的。现在为什么要讲"求放心"？其意义就在这里。孟子说："养心莫善于寡欲。"人的贪欲心的多少直接影响善良心的保存多少，培养善良心的最好方法是寡欲。因为贪欲心膨胀就会动乱心理，扭曲人性，破坏心灵的宁静、平衡、和谐。

| 生生哲语 |

修心治心以定心

修心、治心是使心安定。心安定，五官也会安定；五官安定，心也会安定，而不会有各种成见来干扰。

人以有限的生命去追求无限的知识，是危险的。庄子的这个话题是从事实判断出发的，是普遍的现象。管子对此并不回避，个体生命的目明、耳聪、心智是有限的，并受种种实存条件、环境的限制，不能穷尽所有知识。

凝聚天下耳目心智，那么，其认知就是无限的了。"以天下之目视，则无不见也。以天下之耳听，则无不闻也。以天下之心虑，则无不知也。辐辏并进，则明不塞矣。"人怀天下的意识和视野，人的耳目视听、聪明智慧是无穷无尽的。

"知无涯"为人所痴迷，为人所追求，激起人类探索种种未知的热情，掀起探究宇宙奥秘的决心。人类永远在"知无涯"的大道上，迈出永不停歇的大步。

中和为要

怎样使心灵得到宁静、平衡、和谐？那就是要中和。《中庸》说："喜怒哀乐之未发谓之中，发而皆中节谓之和。中也者，天下之大本也；和也者，天下之达道也。致中和，天地位焉，万物育焉。"人都有喜怒哀乐爱恶欲的七情，七情是人自然具有的，是人的本性。动物也有喜怒，人当然具有七情，这种感情如果没有发出来的时候，它是不偏不倚的，没有过头，也没有达不到，没有偏向性，是处在一个寂静的状态中的，这就是中。

喜怒哀乐发出来的时候，符合一定的节度，符合礼义，没有乖戾违礼，这就是和。中和的情感心灵是天下的根本和天下古今所共同遵循的道德。把中和推而及之，天地安其所，守至静之中，而无偏倚，自谨独精和，没有差缪，极其和而万物发育。如果真正做到中和的话，人和天地是互通的，"天地万物本吾一体"，这个时候我们的心灵还有什么苦恼呢？还有什么想不开、放不下的呢？不过做到中和，也是很难的。

那就是说我们人如果能够做到不偏不倚，保持一个中和的状态，这个人的心灵就是比较平衡、平和的。其实，中和、中庸，也是一个标准和尺度。过去我们批判中庸，说中庸就是不偏不倚地折中、调和、没有原则等等。中和作为一个度、一个标准，过头了当然就不好，达不到也不好。比如一个人的喜怒哀乐发出来，如果过了头就会乐极生悲，快乐到了极点，就会物极必反，转变为悲哀，历史上可以看到，有的人笑死了，当然也有哭死的。我们学校系庆，很多学生都来了，自己指导的硕士生、博士生来了，多年不见，大家都很高兴，于是喝酒啊，喝得很高兴。结果呢？脑中风了，就是说你高兴过度也会犯病的。当然达不到这个标准、尺度，也不行。亚里士多德以中和为中道。他认为在痛苦中反应过度会变成鲁莽，反应不够就会变成怯懦，做人做事，要保持中道。比如说你考大学、硕士、博士，达不到那个标准线，就考不上。比如说古代考生员，然后考举人，然后考进士，这样一步步地考，你考不上生员就不能去考举人，考不上举人就不能去考进士，都有一定的标准，你达不到就不行。现在考大学、考高中分数差一分，就上不去，所以讲不及、达不到也不行。我们的心灵就应该有一定的度，达到和谐平衡的标准。

人生在世，总会遇到挫折、困难或批判、打击。动心就会发生郁闷、苦恼、焦虑等哀、怒、悲情绪，所以心理的平衡非常重要，比如白领的工作压力大、离婚感情受伤害、家里穷困、生活压力很大等等，你都要保持心理的平衡，心理和合、和谐，你才能享受生活，你才不会犯病。黑格尔说："凡一切人间的事物，财富、荣誉、权力，甚至快乐、痛苦等，皆有其确定的尺度，超过这个尺度，就会招致毁灭。"这就是说要保持中和的心态。

儒家认为，中和既要"合乎时宜"，又要随时变通。孔子有一天向公明贾打听公叔文子的为人，孔子说：听说公叔文子不说话、不笑、不取，是这样吗？公明贾回答说：他该说时才说，人不厌其话，高兴时才笑，人不讨厌其笑，该拿的时候才拿，所以人不讨厌他的取。孔子听后很赞叹。合乎时宜，随时变通，这便是中道，合乎中和之道。中和使内外和合，以通达和合心灵世界的目标。

仁者乐道

心灵是一个厚德载物的包容、宽阔、宏大的世界，不可局限在小己之内，要开放心扉，把目光转向自然、社会世界，眼界、心界开阔，人心与天地同流，与世界的人交往，就不会有焦虑、苦闷等心灵冲突了。治疗化解心灵病态，培养乐道精神，保持心灵和乐，有一个快乐的心态，这很重要。孔子就非常赞赏他的学生颜渊，他说颜渊是一个贤人，为什么呢？因为他吃着一箪饭，喝着一瓢水，住在陋巷里头。这种情况，别人都觉得不能忍受，可是颜渊不改其乐，贤哉，所以是贤人。为什么说这个颜渊不改其乐呢？他的快乐从哪儿来呢？那就是他在追求一种道，追求一种比物质享受更高的精神的享受，人的快乐，不在于物质享受，而在于精神享受。他在追求最高精神享受的时候，是以他的生命充满了求道的快乐，醉心于求道的幸福，忘掉物质生活的穷困，他的心理就平衡了。孔子认为人之道，不管外在压力如何，要孜孜以求乐道。他说自己，发愤忘食，乐以忘忧，而不知老之将至。孔子一心求道，道也能赋予他快乐的感受，让他把忧愁都忘掉了，也就不知道老年将到了。孔子曰："饭疏食饮水，曲肱而枕之，乐亦在其中矣。"子贡曰："贫而无谄，富而无骄。"穷亦乐，达亦乐，所乐非穷达也，道得于此，则穷达一也。一个人有崇高的精神修养，他就可以超越所遇到的一切打击、一切困难、一切穷困等等，心理上保持平衡，不为这个担忧、为那个苦恼焦虑，这就是乐道的精神。

《周易·说卦传》曰："和顺于道德而理于义，穷理尽性以至于命。"宋明理学家发挥了这个观点，格物穷理，然后了解它的性质，掌握它的规律性。达到这个程度我就能够做到掌握自己的命运，也就是说我能够从天地万物本吾一体之道的高度来看自己的人生，来抚平自己的心灵。这就是一种真正乐道的精神。

如何才是真正的快乐？齐宣王在雪宫接见了孟子，齐宣王问孟子："有道德的贤人有这种快乐吗？"孟子回答说："有的。"如果觉得不快乐的话，那么说明对王有意见，这是不对的。如果说一个君王，自己快乐，而不同他的百姓一同享受，这也是不对的。乐应该是怎么样呢？"乐民之乐"，以老百姓的快乐作为自己的快乐，这样老百姓也会以君主的快乐作为自己的快乐。"民亦乐其乐"。如果说你以老百姓的忧愁为忧愁，老百姓也会以君王的忧愁为忧愁，与天下的老百姓同乐同忧，这样天下的老百姓都会归服于你了。这才是真正的快乐，这才是真正的乐道的精神。

孟子问齐宣王：一个人独自欣赏音乐而获得了快乐，与别人一起欣赏音乐而获得快乐，究竟哪一个更快乐？齐宣王说：当然和别人一起更快乐。孟子说：与少数人欣赏音乐而获得快乐，跟多数人欣赏音乐而获得快乐，究竟哪一种更快乐？齐宣王说：当然与多数人一起欣赏音乐更快乐。怎么样求得快乐，怎么样是真正乐道的精神，同老百姓同乐，这才是真正的快乐。如果说我们用这样一个心情，来看待心灵问题，我们就不会以自己的苦闷为苦闷，以自己的郁闷为郁闷，为自己的焦虑而焦虑。

孟子也讲道，"君子有三乐，而王天下不与存焉。父母俱存，兄弟无故，一乐也；仰不愧于天，俯不怍于人，二乐也；得天下英才而教育之，三乐也。"此乐即以亲爱为核心的道德教化之乐，即其"尊德乐道"和伊尹"乐尧舜之道"。把乐道精神作了人性论与人的精神需要和愉悦的陈述。这便是乐仁义之实，自觉地践履仁义，就能产生精神愉悦，甚至使人手舞足蹈，不能自已。

我们就可以看得开一点，那就是说我们可以把自己的心态放开，开放与大家一起快乐的胸怀。把个人的忧乐融入大众天下，在这个胸怀底下，还有什么值得自己想不开的呢？哪里还有个人心灵世界的孤独、焦虑呢？我们知道，乐一乐是能够长寿的。所以孔子就讲，"仁者寿"，仁者有一种乐道的精神，所以他能够长寿。如果说你天天郁闷，天天想不开，天天苦恼，没有病也会生病。我两次住北京肿瘤医院，我对癌症病人的心态趋势有一些了解。癌症的患病原因：一是环境污染，二是饮食，三是精神心理，四是遗传。一些人是惧怕癌症，天天怕得癌症，没有癌症也得了癌症。一些人整天愁眉苦脸，结果愁出病来了，愁出癌症来了。

从这个意义上说，心理健康和精神世界的健康很重要，保持一个与天地大众一起快乐的心情，是很重要的。特别是中小学生、大学生心灵世界的健康问题，要特别引起重视。年轻人正是风华正茂的时候，也正是像七八点钟的太阳往上升的时候，也是创造你的事业，描绘你美好前途的时候，这个时候如果说苦闷也好，甚至去自杀，等于你把自己毁灭了。所以应该用一种与天地同流、同快乐的心态来看待问题，这样就想得开了。

坐忘境界

老子也好，庄子也好，儒家也好，有一种坐忘的修养境界。首先，在修心层面，道家老子主张"见素抱朴""少私寡欲"。人若为私欲所迷惑，不仅祸害社会、人际关系，而且动乱心灵，扭曲人性。"祸莫大于不知足，咎莫大于欲得"（《老子》第四十六章）。"不见可欲，使民心不乱"（《老子》第三章）。"心乱"就是心灵世界的冲突，破坏了心灵的宁静、平衡、和谐。少私寡欲是端正自我意识、不好名利、知足知止的方法，如此才能控制"心乱"，而保持心灵的清静。"不欲以静，天下将自定"（《老子》第三十七章）。"清静为天下正"（《老子》第四十五章）。不欲才能静，不仅自我心灵清静，而且天下自定自正。这样就能恢复人的自然而然素净淳朴的状态，也就是心灵无烦恼、无痛苦的清净和乐的境界。

这种和乐的境界，也就是庄子所说的"人和人乐"的心灵境界。如何实现"人和人乐"，庄子主张"心斋""坐忘"。所谓"心斋",一言以蔽之曰"虚"。"回曰:'敢问心斋。'仲尼曰:'若一志,无听之以耳而听之以心,无听之以心而听之以气!听止于耳,心止于符。气也者,虚而待物者也。唯道集虚。虚者,心斋也。'"(《庄子·人间世》)这里所说的"气",并不是指空气,而是指心灵活动到达极纯净的境地,或是指"高度修养境界的空灵明觉之心"。心虚而空明,便能不为名位所动心,心境宁怖而不"虚驰"。心和自然而然,便无心灵世界的冲突,无个人的焦虑、烦恼。

因此,坐忘,就是物我两忘,忘掉一切酒色财气、金钱、美女、权力的外在引诱和牵累;忘掉内在的贪、嗔、痴、不正见等的恶念,以及我见和我执。这便需要堕肢体。因为人的肢体有各种欲望,眼、耳、鼻、舌、身就生色、声、香、味、触的欲望,心灵世界就会为物欲所伤害,度越生理的过度需求,而做到心和心乐。另要做到黜聪明,不要聪明反被聪明误,不要仅凭人的感官的感觉,而堕入各种纷纭复杂的是非论争之中不能自拔。

怎样做到堕肢体、黜聪明?首先心灵世界要虚静:一要心静,即洁净之心;二是欲静,即少私寡欲;三是知静，冷静理智；四是情静，亲情友情静；五是意静，尽心知性知天。如此，人心灵世界虚怀若谷，什么都能装得下。心灵世界就能厚德载物，天地万物虽纷纭繁多，像大地一样，都能够容纳进来。人若有厚德载物的心态，那么一些外来的物质的引诱、打击、诬蔑等，你都能够容纳进来。老子讲"上善若水"，水是软性的、包容性的，比如你丢的石头一下子被水吞没了，只会起一点波纹而已。海纳百川，有容乃大。能够包容一切，才能成为大海。从这个意义上讲，唯有虚怀若谷的心态，才能装得下一切东西，否则就装不下一点东西，就不能成大海，不能厚德载物。若心地窄小，不仅不能包容万物，而且也不能取得心灵的平衡。譬如一个养猴子的老年人，他分橡实，朝三暮四，早上分三个，晚上分四个，猴子很不满意，都发怒了。后来改为朝四暮三，猴子很高兴。其实朝三暮四、朝四暮三，都是七个橡实，没有变化，但猴子却一喜一怒，这说明是猴子的心理作用的缘故。说明心态是会被外在的利益所引诱、所控制的。

爱心爱人

人有爱心，才能抚平你的痛苦和烦恼；以爱心化解你的忧愁和郁闷；以爱心温暖你的孤独和冷漠；以爱心解开你的心结和心病；以爱心安慰你的烦躁和紧张；以爱心救赎你的错误和过错；以爱心拯救你的自伤和伤人。只有爱心才能使你的心灵世界和乐无穷无尽。

弗兰西斯·培根说："只知自爱却不知爱人的人（西塞罗论庞培的话），最终总是没有好结局的。虽然他们时时在谋算怎样为了自己而牺牲别人，而命运之神却常常使他们自己，最终也成为自己的牺牲品。"只知自爱的人，得不到大家的爱，没有好结局，只知牺牲别人的人，最终自己成了牺牲品，这就是命运之神的魅力。

如何调适现代人的心灵世界的种种冲突，而获得人和人乐？道家的"见素抱朴""少私寡欲"与"心斋""坐忘"，儒家的"养心""求放心"与"乐道"精神，是人类化解自我心灵世界冲突的最佳选择。这就是说，人类自我心灵世界的和谐、平衡、快乐，只有依赖人类自我来调适。异己的权威、力量并不能真正解脱人类自我的心灵世界。其实，这种异己的权威、力量，也是人类自我力量的对象化或异化的结果。人类以这种方式预设一种终极关怀，以获得自己心灵世界的寄托和慰藉。

| 生生哲语 |

道德最大的秘密就是爱

我是谁？我是人，我是有人性的人，有人性的人是有人心的人。我是有不忍人之心的人，我是有道德理性的人。这是一个人之所以为人的人，是一个会自我创造的和合存在的人。

人们记得孟子讲过这样一个"话题故事"：一个人突然看到一个小孩子将要掉到井里去，人人都会产生一种怵惕恻隐的心，而去救那个孩子。这种救孩子的心情和行为，不是为了交结孩子的父母，不是为着在乡里朋友中间获得好名誉，也不是厌恶孩子的哭叫声。这样看来，一个人如果没有恻隐的心，就简直不是一个人。

"无恻隐之心，非人也"的事，却在21世纪当下出现了。在衣食足、知礼义的经济发达地区，一位两岁女孩突遭车辆辗轧。在场的18人见死不救，表示了集体的冷漠。肇事者的劣行固然可憎，旁观者的冷漠更可怕。这些冷漠者应扪心自问：我们的恻隐之心到哪里去了？我们的"不忍人之心"难道给天狗吃了？我们应该反省：我们的人性到哪里去了？这样活着还是人吗？这种集体的无道德，是中国人的耻辱，是中国的悲哀，一个有崇高道德的礼仪之邦竟无视社会道德，一个大爱无疆的兼爱之国竟无一点同情心。

"道德最大的秘密就是爱"，万物都在爱里和生、和处、和合。

我们要呼唤，我们要呐喊。唤回那仁义礼智信，喊回那"泛爱众""兼相爱"！这就是人性伟大的内涵。

"以不忍人之心，行不忍人之政，治天下可运之掌上。"（《孟子·公孙丑上》）

由于没有行不忍人之政，没有大张旗鼓地扶植、培育不忍人之心的正义行为，使人心变得冷漠，见义勇为者反被诬为肇事者，救助别人的人反被诬陷为害人者。一些网友指出，社会风气的败坏，是与为政者不行不忍人之政相关的。2007年南京"彭宇案"的法官和一些司法专家判决帮助诬陷好人的南京老太太，让救人者彭宇付出代价。武汉一位15岁中学生扶起被电动车撞倒的女士，反被诬陷为肇事者。如此颠倒黑白的事件，怎不叫人伤心、寒心？政在这里应起什么作用？社会舆论应如何发扬正义？要深深反省，反省，再反省！

冷漠者无恻隐仁心！

诬陷者无天理良心！

心灵的归宿和安顿

信仰安顿心灵,信仰是人的特殊的价值需要。我们的灵魂应该有一个安顿的地方,我们工作一天非常累,到了家里,有一个温馨的家,这个温馨的家使我们能够得到放松,能够得到安全,能够使我们的精神得到恢复。但是我们的心灵,我们的灵魂也应该有一个温馨的家,这个家在哪里?中国人自古以来有一种认祖归宗、落叶归根的思想,和慎终追远的意识。中国人几千年来重祭祖、修家谱、立家规等,都为人的灵魂找到一个去处。这便是温馨的精神家园。

黑格尔在《哲学史讲演录》中说:"一提到希腊这个名字,在有教养的欧洲人心中,尤其是在我们德国人心中,自然会引起一种家园之感。"欧洲以希腊精神为精神家园是对于希腊精神文化的一种认同,并以其为精神支柱、情感的寄托和心灵的归宿。

心灵的归宿和安顿，是终极关切的精神家园。在当今人类共同面临五大冲突和危机的情境下，灵魂安顿的精神家园尤显需要，为化解人类面临共同冲突需要的中华和合文化是中华民族的心和魂、根和体。一个无心的民族，就会走向神衰体亡，心强才能力壮；一个无魂的民族，就会成为行尸走肉，魂灵才有睿智；一个无根的民族，就会枝枯叶黄，根深才能叶茂；一个无体的民族，就会任人摆布，体健才能强盛。中华和合文化是中华民族的首要价值理想，它亘古亘今，生生不息，是中华民族共有精神家园、终极关切。它以其悠久、博大、包容、精深的内涵，具有持久的民族凝聚力、向心力、亲和力，唤起民族的归属感、家园感、安顿感、安全感、认同感、亲情感、幸福感。这就是中华民族和合文化的博大精深和光辉灿烂的所在，也是我们中国人所认同的一个安顿灵魂的地方、落脚的地方，这就是我们死后的终极的归宿地。这便是天和地和人和，天乐地乐人乐，天地人共和乐的和合之境。

| 生生哲语 |

立命的根本在于德性修养

生命渐渐吐丝,裹住了大地的生物。命是"天格"的命令,是"人格"的魅力。汉代许慎的《说文解字》解释说:"命,使也。从口从令。"甲骨文作𠄢,金文作命。甲骨无口,许慎是据金文为释;因甲骨无口,古代令、命通用。既是天的命令,也是君主的命令,亦是上对下的命令。发号施令,便需要由口发出,所以要从口。口的价值就不是可有可无的。

天堂是宁静的,地宫是厚重的,人间是浓密的。命在天、地、人之间游荡,欣赏着自我的秘密和风采。

命只有挺立,才能显现她的伟大;命唯有安顿,才能表现她的刚健;命要有思议,才能突出她的仁义。

命无立无以生,命无立无宁存,命无立无所安。安身立命,中国人孜孜不倦地追求着。

孟子说:"存其心,养其性,所以事天也。夭寿不贰,修身以俟之,所以立命也。"操而不舍,顺而不害,奉而不违,终其天年。立命便是确立人生的终极价值目标,寻求生命的终极关切。

如何立命?什么是立命的根本?汉代的赵岐注解

说:"修正其身,以待天命,此所以立命之本。"所谓修身立命,是讲自己操存不舍地修身养性,以等待天命,这便是立命。假若对短命长寿三心二意,而不修正其心,便不能立命。立命的根本,在于人自我的德性修养。人的生命能否站立起来,生命价值能否得以完满,还得看自己,立命是人生根本价值的安顿处。

第五章

身心苦旅：和合养生之法

什么叫和合养生？是指主体通过种种方法使自己精神愉快、身强体壮、提升抗病能力，取得天时地利人和的融突和合，达到延年益寿的目的。也就是说，人和自然天时取得一个和合，人与社会环境取得和合，人与人的交往取得和合，人自身的形和神取得和合，人的五脏六腑取得和合，元精益固、元气充足、元神旺盛，以保养身体、精神内守、祛邪扶正、延年益寿为宗旨。

养心，养德，养乐，和合

为什么要讲养生？当前看来，各种疾病侵害我们的肌体，使人的各种疾病不断发生。就拿心脑血管病来说，《北京健康》2012年11月21日报道：中国有2.3亿人患心脑血管病，每年死于心脑血管病的有300万人。10秒钟就有一个人死于心脑血管疾病。心脑血管疾病为什么多发呢？比如说一些老年人肌体老化，心慌气短，四肢麻木，高血压，得心脑血管病就多；肥胖的人，胆固醇超标；饮食过量的人，摄入热量多，转化为脂肪；还有就是吸烟酗酒的人，血液循环及内脏受损害，血流不畅，血管痉挛；再就是工作压力重的人，精神紧张，影响新陈代谢，动脉硬化，这都容易患心脑血管疾病。所以心脑血管疾病不是只有老年人会得，现在越来越年轻化。从这个意义上讲，我们就应该注意养生。

养生首先是养心。《黄帝内经》说:"心者,生之本,神之变也。"心是生命的根本,精神变化的主宰。我曾经在1997年住在北京肿瘤医院,这个医院里头第一层就挂有很多的牌子,肿瘤医院主要治癌症,主要来源有三个:第一个是环境污染,第二个是遗传,第三个是心理,人的精神。医生说真正死于癌症的人只有20%~30%,多是因为恐惧、害怕引起的,所以心理这个问题很重要。施肩吾《西山群仙会真记·养心》认为,修心即修道,修道即修心,道不可见,因心以明,修心的最高境界即是得道,得道便能长生。

正因为害怕、恐惧,有些人本来没病,结果得了癌症,从这个意义上讲,应该养心,养心才能够使自己的心理得到平衡,心里很平静、很和谐、很和合。对于外头的事情,外头的物质引诱、干扰、打击、挫折,都能看得开。这样你心理就会平衡,心理平衡了,疾病就不会危害你。心理平衡的话,免疫力就高。

明代汪绮石在其《中外卫生要旨》中说:"养生当以养心为先,心不病则神不病,神不病则人自宁。"陈翰笙活了108岁,中国古人讲的"茶寿"。他认为养生之法在养心。《修身宝鉴》指出,养心之法,须要摆脱一切，凡荣枯得失，犹如水月镜花，事过即忘，心中不可有一毫沾染，每日胸中一团太和元气，病无从生。这种心静如水，不起一点涟漪。冯友兰先生活了95岁，有一次我问他："'文革'时期，你一直受批判，你生气不生气？"冯先生回答说："我不生气，我是这只耳朵进，那只耳朵出。若生气，早就死了。"这便是养心的境界，正由于此，才长寿。《北京青年报》2012年2月20日报道：宋天仪先生得肺癌，得知死亡率为85%，"十个癌症九个埋，剩下一个不是癌"。不少人恐惧、悲观、绝望，以至家人医生瞒着，不敢告诉病人。精神崩溃了，自身免疫力下降，宋先生宽慰、鼓励自己，坚强应对，心情愉快，闯过了三关，一年一小关，三年一大关，五年鬼门关都过来了。可见养心是延年益寿的最佳方法。儒家主张，"养心莫善于寡欲"。在物欲横流的情境，不执着物欲，才能养心。孟子说："存其心，养其性，所以事天也。"操存不舍地养心，不损害其善性，就可以事奉天，以终天年，即获得长寿。道教主张"心灭即欲念不生"，清心节虑，无念无思，能长寿。

第二是养德。孔子讲，智者乐水，仁者乐山。智者乐，仁者寿。就是说有仁德的人，能够长寿。孙思邈在《千金要方·养性》里就讲到养德对养生的重要性。他说："夫养性者，欲所习以成性，性自为善，不习无不利也。性既自善，内外百病自然不生，祸乱灾害亦无由作，此养性之大经也……德行不充，纵然玉液金丹，不能延寿。"一个人为善，百病就不会侵扰，祸害也不会由此而生。他说一个人乐善，百病、祸害就不会产生，这个是养生的大经，这是一个大根本。所以养德是养心的一个先决条件，如果不养德，即使服玉液金丹，也不能长生延寿。《太上长文大洞灵宝幽玄上品妙经发挥》说："夫修身养气之人，且要修德，谓与道同德，高而道高，故道德相辅方可……圣人之言，小人进德行，灾祸不临身，君子进德行，养命得长生。"耶鲁大学病理学家曾对7000人进行调查统计，凡与人为善的人，死亡率明显比较低。可以看出来，道德情操高尚的人，他对处理人际关系，处理自己的行为关系，就能做到坦坦荡荡，心胸开朗，包容豁达，不像小人长戚戚。达到了人际之间的互相和谐与和合，做到自己的精神和形体、心和身能够和合，所以不容易得病，这就是养德。

第三是养乐。人要快乐，俗话说：笑一笑，十年少。孔子讲："学而时习之，不亦说乎？"学习过后，不时复习与实习，这是很高兴的事，很愉悦的事。"有朋自远方来，不亦乐乎？"朋友几年不见，现在远道而来，大家都很快乐。学习而能聚精会神，《黄帝内经》说："聚精会神是养生大法。"它能促进脑运动和血液循环，延缓衰老，预防痴呆症。孔子表扬颜回乐道精神，说颜回是个贤人，为什么？颜回一箪食一瓢饮，住在陋巷。说他吃的是很差的饭，喝的是白开水，他住得很不好，陋巷里头，他仍不堪其忧。在别人看来，就觉得非常忧愁了，但是颜回不改其乐，所以他是个贤人，这就是孔颜之乐：乐而忘忧。纪晓岚在《阅微草堂笔记》中记载有关养生故事，他主张"事能知足心常泰，人到无求品自高"。心常泰，心情和顺快乐，必长寿。

人如果有一个乐观的心情，就能够使自己心理平衡，不为一些外界的事情所忧愁，也不为外头的打击而苦闷悲伤，也不为一些小事情郁闷。一个乐观的人，他的心情就好，他的病就会少。有的病都是因自己心情不好、不快乐、忧愁、悲伤、郁闷而产生的。譬如说抑郁症就是一些人心理上的不平衡，造成自杀，或者各种各样的祸事都出来了，所以说要养乐。

荀子说："美意延年。"精神愉快，益寿延年。陈翰笙养生的基本精神是做自己喜欢的事，心情就快乐。苏辙说："天下之乐无穷，而以适意为悦。"适意即符合于自己的意识、意志，自己对此事感兴趣，往往会取得成功。《黄帝内经·素问》："是以圣人为无为之事，乐恬淡之能，从欲快志于虚无之守，故寿命无穷，与天地终。"超脱世务，心情豁达，淡泊名利，身心愉快，精神乐观，与天地终老。丁福保在《丁福保训》中说："胸怀欢畅，则长寿可期，若忧虑过多，则使人易老。常人之情，苦则悲，乐则笑，悲哀最足伤人，而欢笑最能益人。欢笑能补脑髓，活筋络，舒血气，消食滞，胜于服食药饵，每日须得片刻闲暇，逢场作戏，口资笑禾，而益身体也。"这是丁福保的亲身体验，也是长寿的方法。清石成金著《养生镜·天基乐事》讲养生八乐，如赏花观景、玩月观日、听鸟玩物的自然之乐，观画、音乐、美术、读书、静坐、助人、宽容、朋友之乐等。

就此而言，中外养生之道有圆通之处。弗兰西斯·培根说:"经常保持心胸坦然,精神愉快,这是延年益寿的秘诀之一。人尤其应当克服嫉妒、暴躁以至焦虑、抑郁、怒气、苦闷、烦躁等情绪。人心中应当经常充满希望、信心、愉快,最好常常发笑,但不要欢乐过度。要多欣赏美好的景物,进行对身心有益的学问的研究和思考如阅读历史、格言或观察自然。"一是要保持乐观的心情;二是要克服嫉妒、烦躁等有害养生的心态;三是常常发笑;四是欣赏自然美景;五是学习和研究有益身心的学问,培根注意到这一点非常重要,很多学者以学术为生命,使自己延年益寿。

第四,和合。和合是长生之道,万物各得其和以生。人是天地万物中最珍贵、最灵的,和合才能长生。和是和谐、和睦、和平、和善、祥和、中和,和以处众、和衷共济、内和外顺,就能心情舒畅、平和、长生。合是合作、结合、符合、合抱、合璧、合唱、合成、合度、合欢、合伙、合否、合口、合理、合流、合拢、合意、合奏等,都是多元素事物的和谐而成,和合而形。《慧命经》:"《宝积经》云'和合凝聚,决定成就'。注:'和者乃心中之阴气去和肾中阳气,阴气得此阳气则有安心立命之所,故曰和矣。合者是肾中之阳气承受心中之阴气，阳气受此阴气，则成敛收坚固之体，故曰合矣……命不集聚，不成菩提，即孟子所谓集义而生也。此乃性命双修，养神养气，简而易成。'"阴阳二气，心肾两脏和合，安心立命、坚身固体，是为长生之道。这就是气归元海寿无穷。《灵枢》说："智者之养生也，必须四时而适寒暑，和喜怒而安居处，节阴阳而调刚柔。如是则僻邪不至，长生久视。"顺四时，和喜怒，节阴阳，融突而和合，就可长生久视。

| 生生哲语 |

孔颜之乐

生活在向快乐招手,富贵荣华并不等于生活快乐,失去拥有的自由、欢乐和亲情的生活,会带来更多的压力、郁闷和痛苦;贫贱衰落也不等于无生活乐趣,心灵在求道、事业、尊德上驻脚,却带来更多的愉悦、洒脱和逍遥。

孔子大大地赞扬他的学生颜渊。颜渊生活困难,一盒饭,一瓢水,住在破旧的巷子里,别人都禁受不住那穷苦生活带来的忧愁,颜渊却不改变他的快乐,颜渊多么贤德啊!他的生活快乐是求道的快乐、精神的快乐,只要获得求道、精神的快乐,任何穷困都是可以忍受的、不顾的。

朱熹赞美说:"颜子之贫如此,而处之泰然,不以害其乐,故夫子再言贤哉回也。"然所乐何事?孔子没有说,程颐作了一篇《颜子所好何学论》,以回应这一疑问。他说:"学以至圣人之道也。"穷困并不能改变颜渊的生活快乐,并非以穷困为乐,而是另有其乐,追求精神的快乐,是最珍贵的,是度越外在环境的。程颐又说:"昔受学于周茂叔,每令寻仲尼颜子乐处。"

学圣人之道的快乐，既是一种心灵的感受，也是一种精神的品味，这种感受和品味，往往会脱胎为人生生活目标，虽经炼狱般煎熬，也可经受而不放弃，而不是瞬间即逝的。然酒色财气的生活快乐，常常是难以持久的。

生活就在快乐中，生活快乐并不一定随在场的时境、空境、穷境而飞逝，而在于你的价值心理，在于你的生命智慧。即使像孔子所说："吃粗粮，喝冷水，弯着胳膊作枕头，快乐也就在其中了。"生活快乐就在自我觉解中，在这种觉解的情境下，用不正义的方法得来财富和官职，在我看来就像浮游在天上的云彩。然各有各的觉解，在一些人的心目中、灵魂里，以为只要抓住这浮游的云彩，就可以，有了财富和官职，管老子是义还是不义。

孔子的人格美、道德美，是超脱了世俗的金钱和官僚，是度越了尘世的生活境遇和生活资源，是追求朱熹所谓的"天地万物本吾一体"的形上精神之乐，是度越了道德境界的天地境界的快乐。

形上精神生活快乐，就是高山仰止的孔子之乐，"其为人也，发愤忘食，乐以忘忧，不知老之将至云尔"。用功求道而忘记了吃饭，从中获得快乐而忘记了忧愁，竟不知道自己快老了。这是他"朝闻道，夕死可矣"的心境表象，这就是"孔颜之乐"的精神境界。

生活快乐，各乐其乐，乐人之乐。"有朋自远方来，不亦乐乎？"情投意合的朋友来见，情不自禁地快乐；情调有异的朋友相会，却可以"旧学商量加邃密，新知培养转深沉"。你乐我乐，人乐天乐，人我天共乐，乐乐与共，世界和乐。

生活快乐，益乐损乐，乐各其乐，乐乐他之乐。孔子讲有益的快乐有三：得到礼乐调节的快乐，称道别人好处的快乐，多交朋友的快乐；有害的快乐有三：以骄傲放肆为快乐，以游荡闲逛为快乐，以饮食荒淫为快乐。骄傲放肆往往丧失理智，易危害他人之乐乐；游荡闲逛常常丧失意志，易虚度青春年华；饮食荒淫渐渐丧失伦理，易滋生贪赃枉法。此种生活快乐即是悲哀。哀乐相随，乐哀相拥，乐哉哀哉！

养生之道，不外清心寡欲

养生的目的，需要和合人与自然、人际、行为、神志之间和五脏六腑之间关系，即都能够取得和谐。自古以来，中华民族对养生研究既深入，又精湛。关于养生的著作，也十分可观，儒释道都有详尽精微的论述。如何养生？要根据每个人的具体情况，来制定、选择适合自己的养生方法。这样，才能取得效果。儒家孔子讲养生有三戒，年少的时候，血气还没定，在这个时候戒之在色，不要好色。我们知道有很多的皇帝短命，为什么？皇帝年少的时候，就有皇后，妃子也很多，这样他就不可能长寿。譬如说明武宗，一方面他好色，另一方面又胡作非为，结果很快就死了。汉末年的时候，一些皇帝十几岁就死掉了。人到了壮年的时候，血气方刚，这个时候要戒斗。人好斗争，血气旺盛，容易冲动，动不动就要打架，甚至打死人，这个时候要戒斗。好斗的结果，害了别人也害了自己。血气方刚的时候，气盛，做什么事情都很急躁，心理上缺乏理智、静虑和平衡，往往各种毛病就产生了。从这个意义上来看，壮年人，往往不能控制自己，放任自己，这个年纪要使自己为人处世做到中和，即无过不及。董仲舒说："能以中和养其身者，其寿极命。"恰到好处，不过头，也不达不到，就能长寿。到了老年的时候，要悠着点，因为这个时候血气已经衰了，也就是说，不要想得到很多，不要贪得无厌，该退下来，就退下来。《周易·遯卦》的《象传》中讲："遯亨"，应时而退，是吉利的。就是说到时候就应该退下来，退下来对身体是有好处的。如果还贪得无厌，很可能百病就侵入了，因为你老了，抵抗力衰弱了，这个时候病就找你来了。弗兰西斯·培根说："年纪是不能赌气的。人要注意自己年龄的增长，不要以为自己永远可以做与过去同样的事情，因为岁月是的确不饶人的。"养生实际上是要自己了解自己健康的状况，要有自知之明。

东晋时期，葛洪作了一本《抱朴子》，分内篇和外篇，其中内篇讲养生的一些方法：

其一，胎息。《抱朴子·内篇·释滞》："得胎息者，能不以鼻口嘘吸，如在胞胎之中，则道成矣。"胎息的大要在行气，鼻中引气而闭之，心数120，以口微吐，吸气时听不见气出入之声，入多出少，以头发放到鼻口上面，吐气头发不动，这就是胎息状态。比如小孩在娘肚子里的那个状态，所以叫作胎息。做到胎息行气，不仅可治百病、瘟疫，禁蛇虎等，而且可以延年命。

其二，中和。《抱朴子·内篇·极言》："养生之方，唾不及远，行不疾步，耳不极听，目不久视，坐不至久，卧不及疲……不欲极饥而食，食不过饱，不欲极渴而饮，饮不过多。凡食过则结积聚，饮过则成痰癖。不欲甚劳甚逸，不欲起晚……冬不欲极温，夏不欲穷凉……五味入口，不欲偏多，故酸多伤脾，苦多伤肺，辛多伤肝，咸多则伤心，甘多则伤肾，此五行自然之理。凡言伤者，亦不便觉也，谓久则寿损耳。"养生最忌过头，人的承受能力有一定的、自然的标准，超过了就伤害身心。比如说，吐唾沫不能用力过猛而吐得远，不能极听，看东西不能太久，不能久坐。《参考消息》2012年7月11日转载：研究表明，少坐可以延寿。久坐不仅跟糖尿病患病风险紧密相关，而且与癌症、心脏病和中风导致死亡息息相关。饿了不能吃得过饱；渴要饮，喝水不能喝得太多；一般来说，晚上应该早睡，早上应该早起；五味入口，不能贪多；多吃酸的东西伤脾；多吃辛辣的东西伤肝；多吃甜的东西，就要伤肾；多吃苦的东西，伤肺；多吃咸的东西伤心，有心脏病的人要少吃咸的东西。葛洪认为"长生之理，尽于此矣"，这便是道教的中和养生法。

其三，除害行少。葛洪认为养生当先除六害，即名利、声色、财货、滋味、佞妄、沮嫉。以实行十二少，少思、少念、少笑、少言、少喜、少愁、少乐、少恶、少好、少怒、少事、少机。他为什么要讲少？他说多思则神散，多念则心劳，多笑脏腑上翻，多言则气海虚脱，多喜则膀胱纳客风，多怒则腠理奔血，多乐则心神邪荡，多愁则头鬓憔枯，多好则志气倾溢，多恶则精爽奔腾，多事则精脉干急，多机则智虑沉迷。就是说不要过，犹如儒家讲的要无过不及，即是中庸，恰到好处。

少思不是说不要思，少念也不是说不要念，少言也不是说不要言，少喜也不是说不要喜，但是有一些人笑就会笑死，怒就会怒死，很多人一发怒，血压就高，血压高了，会得中风等病。就是说要适度。《中庸》上讲喜怒哀乐，未发为中，发而中节，即喜怒哀乐发出来，要符合节度，叫作和。中是天下之大本，即大根本。和是天下的大道，是天下普遍通行的道理。就人身心来说，人的心脏、血液各方面都能够通，当然就不会发生脑梗死和心脏病等，这就是和。中和作为天下的大根本、大通道，如果推致中和，那么天地位焉，万物育焉。这就是说天地会有安定的位置，万物就发育了。这是从形而上的高度来讲天地万物发育、生长和定位。从养生的视角来看，实际上是天人合一，天和人和合的形式。所以老子讲"人法地，地法天，天法道，道法自然"。养生应能做到人法地、法天、法道、法自然，就是说人和自然、社会、人际、心灵之间达到完全的和谐、和合。

人的日常生活要有一定的度，即中和这个度，董仲舒说："循天之道，以养其身……中者，天地之所终始地；而和者，天地之所生成也……能以中和养其身者，其寿极命。"以中和养身，人的身心就得平衡，五脏六腑就得和谐，这是养生的根本。养生实际上是要每个人自己能够调和自己的心理状态，自己调理自己的身体和外在自然的关系，调和自己和外头朋友、亲戚、夫妻之间的关系，如果说我们都处理得非常和谐，我们的身体就会增强抵抗力，能够拒绝百病的入侵，能够延年益寿。道家养生有很多的方法，比如说内丹与外丹等。

古人常说："养生之道，不外清心寡欲四字。"道教演化钟离八段锦，钟离八段锦法初见于曾慥的《临江仙》词的附注中。具体内容见《修真十书》卷19的《杂著捷径》。包括坐式十二段锦和坐式八段锦，其功诀是：

（1）闭目冥心坐

闭目所以养神，冥心敛妄念。法当盘膝而坐，紧闭双目，内观其心，使一切杂念都归冥灭，灵台朗澈，普照通明。坐下时用厚垫，头须持正，脊须竖直，全身四空，不倚不靠。尾闾端正，是为至要。

（2）握固凝思神

固握双拳，所以敛其气也。此闭关却邪之无上妙法也，手心向天，手背向地而加诸膝头之上，全身持平端正，以静其心，驱除一切杂念，以凝思存神为主。另外叩齿三十六，以去心火。双手抱昆仑，以敛气。左右鸣天鼓。微摆撼天柱，扭动颈以祛外魔。赤龙搅水津，搅舌生津。虎行龙自奔，液为龙，气为虎。闭气搓手热，背摩后精门，想火烧脐轮，左右轱辘转等。是为长生不老、神仙返还之道。

魏晋时嵇康著《养生论》，向秀撰《难养生论》，嵇康又作《答难养生论》，两人就生死、富贵、情欲等问题与养生关系，展开辩论。嵇康认为养生应度越生死、富贵、情欲的牵累和束缚，人才能真正破除荣华、名分、法等外在的网罗。但人的养生要破五难："名利不灭，此一难也；喜怒不除，此二难也；声色不去，此三难也；滋味不绝，此四难也；神虑转发，此五难也……五者无于胸中，则信顺日济，玄德日全。不祈喜而有福，不求寿而自延，此养生大理之所效也。"破名利、喜怒、声色、滋味、神虑五关，不存在于心中，人的德性和节操便会得到提升，天人之道互动，信顺一天比一天深厚，德性一天比一天周全，如此不去祭祀祈求喜而有福，不祈求延年益寿而自延，这是养生的最大原则。嵇康在《养生论》中说，善于养生，应"清虚静泰，少私寡欲，知名位之伤德，故忽而不营，非欲而强禁也；识厚味之害性，故弃而弗顾，非贪而后抑也；外物以累心，不存神气，以醇白独著，旷然无忧患，寂然无思虑，又守之以一，养之以和，和理日济，同乎大顺"。大顺与天道自然相合。这顺便是"顺天和以自然，以道德为师友，玩阴阳之变化，得长生之永久，任自然以托身，并天地而不朽者，孰享之哉"。人与天地一样万古不朽，达到与天地合其德的天人一体的延年益寿的自然而然境界。

和合养生十二式

古人认为，天有三宝：日、月、星；人有三宝：精、气、神。张介宾说："精盈则气盛，气盛则神全，神全则身健，身健则病少。"精气神作为人生命和长寿的基础，必须精心调养。保持人体生命活动的精的充盈，人体内五脏六腑、各经络流动的真气就会旺盛；真气旺盛，精神会全满；精神全满，身体就健康；身体健康，疾病就少。精是身体的宝贝，精神的根本；养气是养生的重要条件，生命的根本，培养真气，必然长寿。王充在《论衡》中说："人以精神为寿命，精神不伤则寿命长而不死。"人的养心就在于凝聚精神，精神凝聚了，人的真气也会汇聚；真气汇聚了就有健全的身体。精、气、神三宝，不可缺一。三宝互动融合，养气、聚精、会神，是人养生的根本方法。

龙、鹿、龟、鹤、狮

中华民族的思想家、哲学家很多都讲养生。王夫之融合儒释道三教,自创"七然"养生法:处世坦然、处事断然、处人蔼然、自处超然、得意淡然、失意泰然、无事悠然。

之所以如此,是因为中华民族的学问归根到底是人学。反思人的种种,而创和合养生十二式。我从小身体就不是太好,15岁参加温州最穷的山区泰顺县土改工作,在与贫雇农的同住、同吃、同劳动中,由于营养不良,面黄肌瘦,身体孱弱多病。三年困难时期,我吃不饱,身体很差,浮肿、生病,在"文化大革命"中,到了江西余江的中国人民大学"五七"干校,得肝炎。1997年说我得癌症,我住在北京肿瘤医院的病室,一室三个人,我床在中间,旁边两个人就是癌症晚期,痛得不能忍受,就不停叫唤,那种痛苦的状况,是很凄惨的。这个时候我就想,应该怎样使我们的身体健康,能够延年益寿;应该怎样锻炼自己的身体,按照我身体的情况,经常天天伏案来写东西,我就想创造一种适合自己长寿的方法。过去有很多的气功书,以及各种功法,比如说五禽戏,是以虎、鹿、熊、猿、鸟五种动物的动作来强身健体。当然也含有导引，我就选择龙、鹿、龟、鹤、狮五种动物，追根究底地探讨它们长寿健体的奥秘，不是去简单模仿它们的一些动作。这个秘密正是我们所需要的，所以我就仔细观察和思考这些动物的特点，以及长寿健体的秘密，自己创造和合养生十二式。这是一套吸天地万物之精华，摄龙、鹿、龟、鹤、狮等动物长寿健体的秘诀，纳儒释道三教健身养生文化之精华的养生法，是一种身心锻炼功夫。

我是南方人，小时候我们住宅的阴沟里都养乌龟，以防下水道堵塞不通。现在好多寺庙的放生池里也有乌龟。我国古籍中有很多关于龟长寿的记载，《周易》讲"舍尔灵龟"。人的呼吸调息如龟，不饮不食而长生，称龟息；古人活到百岁以上为龟龄，称神龟寿。龟为什么长寿？它和其他动物有什么不同的地方？这个不同的地方就是它的秘密所在。我观察除了爬，因其他动物也能爬，它的特点是其他动物所不具备的，就是它的头一伸一缩。这一伸一缩就可以把整个身体的各个部分带动起来，进行调息运动，以至不饮不食亦能保持活力。如果我们学习龟功，那就是把我们的头一伸一缩,就可以通过调息把任脉和督脉,把全身的五脏六腑带动起来,这就是龟的长寿秘密所在。不是只说它静,好多动物也可以静,这不是龟特有的奥秘。

次说鹿。鹿很强壮,比如说鹿茸,是名贵中药,有滋补强壮的药效。马王堆汉墓出土的《五十二病方》有关于鹿角、鹿角胶、鹿肉的处方。鹿很强健、跑得也很快。鹿的秘密在什么地方?依我的观察,它不像马,也不像牛,尾巴很低,可以摇摆。它跑得快,老虎能跑,狮子也能跑,跑不是鹿的特点。有角也不是它的特点,因为牛有牛角,象有象牙。那么它的特点是什么呢?它的强壮的秘密,我观察的结果就是它的尾巴短,它不断地拍打它的屁股,一拍它的屁股,肛门一紧缩,即一拍一提肛,一拍一提肛,这就是说不断地提肛。这是它之所以强壮的秘密。古人称肛门为谷道。提肛可固精益肾,延缓衰老,改善局部血液循环,防止肛门松弛、痔疮、脱肛、便秘,改善前列腺炎症状等。

再说鹤。我们经常说松鹤延龄,鹤被称为仙鹤,把它与长生不死的神仙联系在一起,民间鹤发童颜的说法，是白头发的老人，脸色红润，气色很好，身健体灵。《淮南子·说林》载："鹤寿千岁，以极其游。"后世常以"鹤寿""鹤龄"为祝寿之词。认为鹤与龟一样长寿，称"龟龄鹤算"。晋代崔豹撰《古今注·鸟兽第四》称："鹤千岁则变苍，又二千岁变黑，所谓玄鹤也。"鹤可以吃百虫，不免吃到有毒的东西，但它不受害。据传它把有毒的物质排到了头顶上，就是丹顶红。可见它的消化能力很好，不怕有毒东西的侵入，这是它的重要功能。它的消化能力之所以强、之所以能够把有毒的东西，转化成对它没有害的东西，那就是说它有一个长寿的秘密。这个秘密就在于鹤企足延颈而立的时候，一只脚站立，另一只脚抚摩它的肚子，或捂着它的肚子，是其他两只脚的动物所没有的，比如说鸡、老鹰，都没有这么做。抚摩肚子可以促进消化和营养的吸收。现代日常看到的长寿图有《鹤鹿同春》《松鹤长春》《松鹤延年》等。宋代陆游常作"摩腹功"诗曰："解衣许我闲摩腹，又作幽窗梦一回。"按摩腹部，可调节胃肠道的蠕动功能和血液循环，可滋养脏腑，辅助治疗失眠、糖尿病、高血压、冠心病、胃痛、腹胀、便秘以及肥胖等。

再说龙。龙是中华民族的图腾崇拜物，龙就其形象而言，是一个和合图腾，比如说它有鹿的角、蛇的身、鱼的鳞、马的头、虎腿、禽爪等等。在中华民族传统观念中是一种神通广大的吉祥物，是祥瑞、尊严、能力的化身，而称为"神龙"，中华民族自认为是龙的传人。所以后来就把皇帝称为龙，他坐龙椅，穿龙袍，就把最高的一些东西都附会在龙的身上。"飞龙在天"，能遨游太空，也能"潜龙在渊"，嬉戏大海，又能"见龙在田"，在陆地上显现。《管子·水地篇》记载："欲上则凌于云气，欲下则入于深泉。变化无日，上下无时。"龙神通广大的秘密，就在于它是以"S"的形状来游动，使整个骨骼的各个关节在流线型游动中得到活动。它的秘密对于我们人来说，就是使脊椎活动起来，我们人的脊椎一般是不太动的，其实人的脊椎是一截一截的，本来是动的。我们脊椎也是生命之源，把脊椎骨一截截动起来，以带动任脉和督脉，这是强身健体的关键所在。

再次说狮子。狮子古称兽中之王，四肢强壮。杨炫之《洛阳伽蓝记》中记述洛阳长秋寺佛像出行时，有"辟邪狮子，引导其前"。狮子是辟邪之物。明代张岱在《陶庵梦忆》中记述浙江灯节时,大街小巷,锣鼓声声,处处有人围观舞狮子的盛况。现在每逢元宵节或集会庆典,舞狮是重要节目,并流传国外。狮子强壮的秘密,就在于它摇头左右顾,摆尾扫妖魔。这也是它的秘密和特点。摇头摆尾,使全身摆动,活动全身筋骨,以消除颈椎、腰椎等疾病,也活动任督二脉,而使身体强壮。

这五种动物的动作和合起来,可以延年益寿。把它融合成一套和合十二式,这样一种养生法。坚持锻炼有很大的好处,因为现在很多人,整天坐在电脑前头,结果有颈椎病、腰椎病等。久坐而坐姿歪歪扭扭,前弓后背,会导致腰肌劳损、脊柱弯曲、近视等疾病。和合十二式中的狮子的摇头摆尾、潜龙游动、见龙摆头、乾坤健顺、静动一如等运动,都能使颈椎、腰椎得到调理。把脊椎骨动起来,这样什么腰骨质增生、颈椎骨质增生,就避免产生,可以减少很多人的痛苦。抚摩肚子,宋陆游诗中说:"解衣摩腹西窗下,莫怪人嘲作饭囊。"孙思邈认为,"使人以粉摩腹上数百遍,则食易消,大益人,令人能饮食无百病。"摩腹行气活血,疏经通络,激发腹部诸穴的经气,推动气血运行,加强胃肠道血液循环，从而滋养脏腑，改善消化吸收能力，防止习惯性便秘和慢性胃肠炎。中医上说，肠胃即是脾部。脾就是脾土，五行属土。脾土，很强健，消化能力很好，它可以使肝、肾得到很好的保养。因为脾是土，肝是木，肾是水，如果说脾土得到了培植，消化能力非常强，它有肥沃的土壤，来使肝木得到很好的生长，肝病就不会得。我们现在一些人，为什么得乙肝、脂肪肝等疾病？那就是因为消化不良，影响你的肝，长期得乙肝、脂肪肝，很可能就得肝癌；脾土好，水就充足，你的肾也会好。摩腹可辅助治疗失眠、糖尿病、高血压、冠心病、胃痛、呕吐、腹胀、腹泻、便秘等疾病。

我们经常像鹿一样提肛，不仅会改善前列腺肥大、发炎以及痔疮、脱肛、大便干燥，同时也可以增加免疫力，使整个身体得到很好的调整。古人称肛门为"五谷残渣之泄道"，而"撮谷道"，就是肛门收缩上提之法。孙思邈在《摄养枕中方》中载："谷道宜常摄。"摄即收缩，中年以后，身体机能下降，提肛可固精益肾，延缓衰老，是很好的养生方法。平时你坐在那里，你也可以做提肛功夫，经常用这种方法，可以强身健体。又比如说摇头摆尾，坐在电脑前久了，颈椎很僵硬，经常摆摆头，摇摇头，可以使你的病痛得到缓解。

龟功的头颈一伸一缩，这对我们的颈椎很有好处。同时它调动了身体的任脉和督脉，使你三阴经和三阳经也能同时得到协调。从这个意义上讲，它对我们的身体确确实实有很多的好处。如果坚持做和合十二式，就能够真正做到延年益寿。

和合养生十二式的要旨

中国是文明古国，中华民族是高度智慧的民族。和合养生十二式继承儒释道三家修身养性、诚意正心，全性保真、道法自然，明心见佛、万法唯识的理论思维，运用于固本元气，协调阴阳，养心祛邪，强身健体。其目的是和心、和息、和身、和性、和情、和德，从而天人合一，阴阳和谐，缓解压力，消除疲劳，休养生息，延年益寿。

和合养生十二式方法可概括为：

神龙舒卷，潜下跃上，元气升腾，引坤通乾；
灵龟伸缩，往复里外，天地真精，灵腑通贯；
仙鹤独立，阴阳融圆，氤氲化育，天人顺健。

第一节是神龙舒卷。分四小节：第一小节潜龙游动；第二小节见龙摆头；第三小节飞龙在天；第四小节双龙戏珠。

第二节是灵龟伸缩。分四小节：第一小节乾坤健顺；第二小节静动一如；第三小节带动水充；第四小节足阴完满。

第三节是仙鹤独立。分四小节：第一小节氤氲内外；第二小节上下交感；第三小节阴阳贯通；第四小节天人合一。

> 天元资始万物生，地守其职亨以成；
> 和气流形御阴阳，合承古今利永贞；
> 三阳三阴本正道，材曷性情相与分；
> 养身养心达性命，生生道体传精神。

第六章

传统和合智慧：
为人之道

当下，要造就真善美和合的优美型的人格，必须启发人们自觉地进行真善美的修养，完善自我的素质。

传统文化中的七种人生观

在中国思想史上,对人生观有许多论述,可以概括为几种类型。比如:

(1)儒家的修齐治平型。主张修身养性,通过格物、致知,正心、诚意、修身,然后实现齐家、治国、平天下。人生只有从道德修养中,获得治平的人生目的和人生价值。

(2)道家的自然无为型。道家主张顺应自然,效法自然,无为不争,而求得人体和内心世界的最大自由,无为而学、无所不为,不争而不能与之争,不得而无所不得,便体现了人生的意义和价值。

(3)道教的长生不老型。道教内外修炼,并非求内心精神世界完善,来世的轮回报应,而是求今生的羽化成仙,永远不死。道教也不是求脱离苦海红尘,而是与鸡犬一起升天,在神仙世界享尽人间更高级、更愉悦的荣华富贵。

（4）佛教的解脱涅槃型。佛教认为，人生来就坠入苦海无边的尘世，只有超脱六道生死轮回，断灭一切烦恼，而达到成佛的理想境界。这是佛教人生观的理论出发点，是对人生价值的追求。

（5）《杨朱篇》所代表的纵欲任性型。认为社会的一切交往和生命活动，应以纵欲享乐为人生根本目的，以满足自我的情欲为最大的快乐。人生短促，生难死易。人生的意义，就在于及时行乐。

（6）庶人的安居乐业型。认为人生在世，只求无灾无祸，无饥无寒。有一安家糊口的小业，太平无事，便是一生的心愿和期望。

（7）世俗升官发财型。"吃得苦中苦，方为人上人。""十年寒窗苦，一朝天下知。"只要在科举考试中得中，便能升官晋爵，光宗耀祖，封妻荫子，流芳百世。官与财，往往联系在一起，只要官运亨通，财源滚滚而来。钱权交易，古已有之。亦有专门经商而不择手段，尔虞我诈，弄虚作假，损人利己，无所不用其极。

这七种类型的人生观，对中华民族的性格、情操、心理、观念、思维方式都有影响。在当前，一些人的人生目的、意义、态度、价值也有"返祖"现象，譬如为升官而不择手段者有之，为保官而诬告恐吓者有之，为发财而贿赂公行、偷税漏税、投机倒把、哄抢公物、拦路打劫者，亦常见于报端。如此的拜金主义，为官至上的人生观，与现代化相悖。

| 生生哲语 |

生活真相

人无时无刻不生活在生活中。

生活的历史知道生活一切，生活的镜子照透生活的深度，使生活的真相无所逃遁。

生活是真实的，存在是真实的，真实的不等于是合理的，合理的不等于是真实的。

有善美的，有恶丑的；有实有的，有假冒的；有老实吃亏的，有恶人先告状的；有好人无好报的，有坏人富贵双收的；有忏悔自己罪恶的，有美化自己大罪的。

世俗生活纷繁复杂，使人堕入云里雾中。

人生观的自我创造

人生观的自我创造,就是要建立真善美相融合的人生理想态度、目的和价值。所谓真,就是指科学的人生观。人生在世,就需具有求真的科学精神,若在虚假、欺骗、争权、夺利中生活,会使人整天忧心不快,不得安宁。科学的任务在于认知和把握已知或未知的客观世界和主体世界,揭露主客体事物的本质和其内在发展的必然性,主体与客体在观念状态中的对立统一,便表现为真与假的对立统一。真与假的对立统一又表现为现象与本质的对立统一。然而任何事物都显现为现象与本质两个方面。因此,任何事物都有其假面具和真面具,有戴假面具的自然、社会、人等,现象(包括假象)是本质的直接表现或扭曲表现。

真、善、美全面统一的人生观

现象(假象)和本质客体自身具有内外二重性,而对于映象来说都是客体本象,构成主观与客观的关系。映象与本质也具有二重性,映象在呈现本象过程中,促使本象的客观形式变换为映象的主观形式;主观的能动性又使主观映象偏离本质,而造成内容的偏差,这就是假。由此,康德对映象和本质都丧失了信心。与本象相符合或内容一致的映象,便是真相或真实。由于映象分离为真相与假相、真实与虚幻,因此人的认识亦分裂为真理与谬误。真理是主客观的统一形式,但这种统一是能动的、矛盾的统一,由于主观自我的选择和创造,真理便具有符合对象和超越对象的性格。有超越才能有观念地自我创造,有创造才有发展和前进。人生总要追求真相、真实、真理,这便是科学精神。这样,人生活得才有意义、有价值。

这里对"真"都是置于与假、伪相对立中来定位和定义的,对于真的自身的追究却并不关注。其实真是一个设定,究竟什么是真?这是价值的问题,是价值视角的真。许慎《说文解字》释"真"为"仙人变形而登天也",修真得道,而成仙人。《说文解字》中说真为目部，目动能视，视是认知，认知就会因时代、因人而异。如《庄子·马蹄》曰："此马之真性也。"此真为本来的、固有的意思。《庄子·秋水》郭象注："谨守而勿失，是谓反其真。"此真为本性之义。《庄子·渔父》："真者，精诚之至也。"真为真诚、诚实。真之义多元，因事、因人、因语境而异。从本体意义上讲真与妄；从人的德性意义上讲真与伪；从认知意义上讲真与假；从本体和认知意义上讲真与俗（真谛与俗谛）。基于此，人们只能从特定时代的较普遍的意义上来理解。

所谓善，就是指道德的人生观。在人类社会和个人一切交往活动中，就需要有求善的道德精神。若和邪恶、罪恶为伍，人便生活在恐怖、谋杀、狠毒之中。道德精神既指以心理活动形式所表现的道德心理、情感、观念、品质、理想和由它们支配下的个体或群体行为、交往等，又指人与人的关系和反映这种关系的行为规范等。但道德活动的任务，从本质上说是人完善自我的活动，是道德充塞于心灵、品德行为达到理想要求的过程。它不是靠外力的作用，而是靠人内在的自觉要求，即人有意识地自己发展自己。道德完善的过程，也就是人类精神自律的过程。中国道德自我完善尤重律己，即自律，孔子说："君子求诸己，小人求诸人。"凡事要自我反省，而不怨天尤人。他曾感叹古人学习礼义是为了律己，现在人学了礼义，专对人说三道四，自己不准备实行。这种厚古人而非今人，只是一种形式，其意在于"躬自厚而薄责于人"。律己是全面的，它包括视、听、言、动各个方面。自律的方法是："有人于此，其待我以横逆，则君子必自反也：我必不仁也，必无礼也，此物奚宜至哉？其自反而仁矣，自反而有礼矣，其横逆由是也，君子必自反也，我必不忠，自反而忠矣，其横逆由是也，君子曰：'此亦妄人也已矣。如此，则与禽兽奚择哉？于禽兽又何难焉？'"律己要在具体事件中进行锻炼，当人待我蛮横无理时，不是责备而是反躬自问，我对人是不是仁爱了，无礼了。反思以后，对人更仁爱，更有礼，经这样自律以后，那人仍然蛮横无理，这便是一个"妄人"，与禽兽差不多的人。孟子这样律己的自我完善的方法，凝结为中华民族的优秀品质。

道德的自我完善除律己以外，教育也是重要的手段。这就是说人类道德自我完善应以人的自觉为基础，而社会也有意促使个体在道德上的发展。因而道德教育作为道德社会化的过程，要人遵守、履行道德准则、规范，形成道德习俗。人只有具有高尚的道德情操，才能树立正确的人生态度。

改恶从善，惩恶扬善，是中国自古至今所不懈努力的课题。善究竟是什么？《说文解字》曰："善，吉也，从诣（誩）从羊。"从两言，即指两个人的言辞。善是两个人的言辞和善、和谐、友好；如果两个人冲突，恶语中伤，就不是与人为善。善是一个设定，所以其价值评价亦因人、因时、因事而异。比如我们小时候在乡下，哄小孩时常说"长毛"（指太平军）来了，孩子就不敢哭了。大人把太平军描绘得青面獠牙，十分凶恶，后来又认为太平军是推动历史发展的动力，是农民起义军等。又比如开展批评和自我批评，一人出于善意向别人提了意见，别人却认为提意见人是出于恶意，究竟是善意，抑或恶意？就需要确立价值评价的标准。这个标准便是：（1）是否符合现实实际状况；（2）是否符合广大人民利益；（3）是否合乎人性的发展等，以此来分辨善恶。

所谓美，就是指艺术的人生观。美陶冶人的心理与气质、情感与理智、生命与境界,而进入人生完满的历程。美是人表现为合目的性与合规律性的统一,是表现主体创造性的实践活动,是主客体相统一的关系范畴。客体对象自身无所谓美与丑,只有"人化的自然",才具有美的属性;无美感的对象,也就无美的感受。虽然自然风光的美与不美,取决于主客体之间的具体关系,但也有超越一定主客体具体关系的情况。美给人以人生的充实、人性的满足,升华人生的意义、人生的价值,而使人自我完美,自我完善。

美在陶冶人的性情、气质中,能起重要的作用。人的性情往往与个性相通。个性不是人的身体特征,而是人的性格、兴趣、能力等心理特征,是人的社会性的表现。比如有人个性粗暴,有人个性温和;有人兴趣广泛,有人兴趣狭隘。通过艺术的修养、美的感受,可以转变个性。由于对文学艺术的欣赏和文体活动,培养对知识的追求和对劳动的热爱,而改变对物质的贪婪、有害的嗜好和低级的情趣。气质是指人的神态、气度,即精神面貌,具有心理活动的动态特征。美的感受使人变化气质,达到神态、气度的表里一致、完美。中医学以阴阳说明气质,阳是兴奋,阴是抑制,表现神经系统两个过程间的相互关系。通过美的陶冶，而改变气质，开拓人生的意义。

美亦能调和理智与情感，情感的易激动、冲动、勇往直前而缺乏冷静的思考，只有经过理智的选择、周密的思索，两者相互调节，相互综合，才能使理智和情感充满温暖、和善与美好。

美是人的愉悦的感受。美味是味觉的快乐感受，这是肉体的快感；超越功利关系，而感受到精神自由的愉悦的美感。中国儒家讲美与善相联系，重道德价值，与善相统一；道家讲美与真相联系，强调自然原则，回归自然的美的感受，与真（自然）相统一。美究竟是什么？是与丑相对应的审美价值，但丑并不是不美，京剧中的丑角，给人以美的愉悦。《巴黎圣母院》中敲钟的丑人，给人以心灵善良的美的感受。在自然中，愈是丑的东西，在艺术中愈是美的。比如雅石（美石）以瘦、皱、透、丑为美。所以美是事物形象中能唤起人的审美感受的愉悦的属性。

真、善、美全面统一的人生观，就是现代人所要达到的理想境界。也只有实现真善美的统一，人才是全面的人、完善的人，人生的目的、意义、价值才得到充分的发挥，人的存在、人的生活才是自由的。

现代价值观念的自我创造

价值观念是人的生活实践经验和价值选择活动的总结，即人的生活知识和经验的积累而形成有关价值关系的观念系统。它具有对人的价值活动和认知情绪、意志、兴趣进行协调、选择、支配、控制的作用。不同的历史时期，不同的民族，不同的阶级、党团，往往具有不同的价值观念，它构成了一定社会意识形态的主要内涵，因此，不同意识形态的差异，主要是价值观念的异趣。一般来说，价值是以人为主体，主体是价值源，客体是价值的载体，表示事物具有满足主体需要的属性、作用和意义。

在当前传统的义利价值观和圣人权威价值观受到世俗的批判之时，自我意识、自我实现、自我人格以及人的个性解放得到了凸显，而西方存在主义哲学、人本主义思潮等滚滚而来，"萨特热""尼采热""韦伯热"冲击着先在的价值观念，"重义轻利"的价值观向"重利轻义"的价值观转化，圣人权威价值向自我中心价值转化，这种价值观的转变在青年中特别明显。然而在否定先在价值观的同时，人们并没有注意建立新的价值观，这种"先破后立"或"破"就是"立"的"左"的观念仍然左右着人们的头脑，引起了人们心理上的失衡、认知上的混乱、信仰上的迷惘。因为没有进行价值体系的创新，塑造新的价值核心，从而导致虚无主义、相对主义。圣人崇拜在人们心中的失落；经典指示失去了原有的光辉和四海皆准的权威，人们失去了理论的指导、价值的标准、道德的规范、行为的准则；亦失去了精神支柱、精神家园，形成了认同危机、精神危机、信仰危机。这种情况，虽不是社会精英集体和社会有识之士的普遍信条，但在相当一部分人中，特别是在青年中存在着。它足以形成一种社会不稳定的因素。因此，必须建构一种与中国现代化相适应的价值观念系统。

在现代，各个层次的人，都有各不相同的价值标准和尺度，但是，建立与现代社会相适应的"文明"价值体系，是当前中国社会各层次、各阶层人所应取得共识的价值标准和尺度。如果说对于文明价值的合理性亦无认同意识，那么，群体或个体都将与现代化社会不相适应，而被排斥在现代化社会之外，每一个人都面临着自己对社会的选择和社会对自己的选择。所谓文明价值的合理性包括两方面的内涵：一是义利兼备型，二是公私兼顾型，这两种类型虽非理想境界，但在现阶段比较切实可行。

所谓"义利兼备型"，是指主体与社会、主体与自然的关系以及这两者之间的关系。"义"是就正义、公正、合理、合道义而言；利是指功利、利益（包括私利、物欲等）。义利兼备就是义与利的统一。颜元曾主张："义中之利，君子所贵也。后儒乃云'正其谊，不谋其利'，过矣！宋人喜道之，以文其空疏无用之学。于尝矫其偏，改云'正其谊以谋其利，明其道而计其功'"，批判了董仲舒的"正其谊而不谋其利，明其道而不计其功"的思想。这种重义轻利的传统儒家思想已不适应时代的需要，因此颜元将其做了修改，以适应社会发展的需求。

义理的合理性价值与功利的合理性价值，两者相互融会贯通。它包括两个层次的义利价值观：一是在服从、维护国家、公共、集团利益的条件下，追求实现个人利益。在这里，个人利益与国家利益可以完全一致；亦可既一致又不一致；不一致但不损害国家利益。个人利益并不等于个人主义。即使个人主义也要分析。个人主义在西方历史发展中具有这样的内涵：一是一切价值均以个人为中心，个人自身就是目的，具最高价值，社会是达到个人目的的手段，一切个人在道义上都是平等的，任何人都不应当被作为他人获得幸福的工具或手段。它包含着复杂的人权、个性发展、个人自由度、尊严等问题。但也不能忽视个人主义与利己主义的紧密联系，不能作为医治当今中国道德痼疾的灵丹妙药。二是并不考虑国家、公共利益，而是从追求个人利益出发，但获得个人利益的手段、方法是正当的，在客观上有利于生产的发展、市场的活跃。在积累了一定财富后，对社会慈善、文化做出一定的回报。这种义利兼备、统一的合理性价值是每个人的应有的价值尺度。

公私兼顾型，是指公共的合理性价值与私人的合理性价值的统一，它包括两个层次的公私价值观：一是在人与人、人与社会和国家的关系中，先公后私、先人后己的前提下，私与己也得到实现；二是在实现私与己的过程中，既不损人利己，亦不损公肥私。全靠勤俭劳动（体力的、脑力的）而实现自己的目的，亦是发展社会生产力的重要方面。

义利兼备型和公私兼顾型合理性价值是文明价值体系的重要内涵。绝不能使利己主义、拜金主义、享乐主义泛滥公行，也不能使贪污腐化、投机倒把、偷税漏税、弄虚作假、坑蒙拐骗、杀人抢劫得不到惩罚。这种恶的、愚昧的、不合理性价值体系与文明的、合理性价值体系是对立的，我们应当促使文明价值体系在共识中被大众所接受。

从观念的结构、功能和冲突，进而探索观念的自我创造中，揭示了现代社会应建构怎样的观念价值体系，以及什么是合理性观念价值体系，这样才能导向社会的现代化。

| 生生哲语 |

人生观的塑造

人生观是对于人生目的、理想、道路、价值、意义的根本看法和信念，是对于人为什么活着、怎样活着等自觉的反思，它与人的需求、欲望等道德实践活动相联系。在中国人生观史上，大体有儒家的修齐治平型，道家的自然无为型，佛教的解脱涅槃型，《杨朱篇》的纵欲任性型，庶人的安居乐业型，世俗的升官发财型，等等，对人的性格、人品、情操、心理、观念、思维方式、伦理道德、审美情趣有重大的影响力。建设与时俱进的新人生观是当务之急，是化解自杀率的有效方法。

价值观是对于人的生活实践活动经验和价值选择活动的反思而形成的价值观念系统。价值问题，归根结底是人的问题，并围绕人而展开。作为人在实践交往活动中所建构的各种方式和成果的总和，其内核的灵魂是价值，它是"人——文化——价值"的三维融突和合，建设真善美的新价值观，体认生命与死亡的价值，以化解自杀的社会现象。

有正确的人生观、价值观，才有正确的生死观，才能在和合生存世界中化解生命与生活之间的紧张和冲突。两者孰轻孰重，重生命轻生活，还是重生活轻生命，前者为生命而生活艰苦奋斗，后者为生活与精神的紧张而放弃生命，这两种自主选择，决定于主体的人生观和价值观。

人生五大自由境界

主体人由于具有意识和行为的能动性，虽受客体的制约、束缚，但能克服这种制约、束缚，发展主体自身，使人成为自然的主人、社会的主人、自我生活的主人，这便是人的自由。只有人获得了自由，包括意志的自由和行动的自由，才能建构人生境界或生命境界层面，否则，就谈不上人生境界的建构，即使建构了，也不能实行。它是主体的充分自我实现，是人类社会生活活动的理想和高度价值。而自由是真善美价值高度统一的境界。

自由是建构人生境界的基础和出发点，意志自由是指主体对客体的认识、对目标的设计、对行为的选择的决定能力，它是自由的主观状态；行动自由是指依意志自由的决定，抉择支配自我活动，以达到设计目标的能力，它是自由的客观状态，自由——作为自我活动的主人，是由意志自由向行动自由不断转变的过程；自由是主体本质力量的表现，也是人的本质规定，一切观念、意识、理想的建构，都是意志自由和行动自由的融合、统一。人生大境界或层面的建构，亦概莫能外。

于是，笔者在自由基础上，依据现代社会的状况和需要，建构出人生的五大境界——生命超越境、知行合一境、情景互渗境、"圣王"一体境、道体自由境。它概括了人生的存在意义和价值取向。现将五大境界的其基本理由加以陈述：

生命超越境

生命包括身、心活动两个层面。笔者在生命利益、生理需要和生命道德层次中对生命已有详论，在这里从境界意义上，说明作为一切活动的个体基础、前提，必须有生命的存在。虽然生命对社会所有人来说都只有一次，生命是唯一的、不可第二次占有的。从这个意义上说，生命是可贵的。但在人生意义追求和人生境界上，不能完全陷入或沉溺于追求生命利益和生命需要，孜孜以求"人生在世，吃穿二字"，或"对酒当歌，人生几何"，或"念念不忘一个权字，有权就有一切"等庸俗的生命境界。生命超越境不仅要有追求合理性的利益和需要，而且还要有健康的身体、心理活动。此外，还需要有超越意识，即注重身、心素质修养，追求人的身体和心理的完美。追求生命质量和价值的提高。生命质量是指生命的意义和目的，以及个体身体或智力状况，与其他人在社会和道德上相互作用。加缪认为生命是唯一的价值，我们不仅不认识世界，也无法认识自己，尤其是死亡向人揭示了世界的荒谬性，因为死亡是人的一切价值的毁灭者。因此意识到死亡与希望会发生冲突，突出了生命的价值。狄尔泰认为，生命是一个不断实现自身的变化过程，所以人的生命包含生命活动的回路，社会和历史本身就是生命活动的产物。据此，笔者认为，人的生命不能停留在生物学存在的层次，而应该追求不朽的生命，即意义生命、价值生命，以超越肉体生命，谓之生命超越境。

知行合一境

生命的超越，来自科技、人文、社会知识素质的提高。野蛮、愚昧、落后是生命超越的阻力或惰力，它与文明、聪明、先进相对立，是一切进步事业的腐蚀力和消极力。在中国哲学中的"知"，甲骨、金文作智，有明白之意，引申为知道、知识和认识之义；"行"，甲骨文中是道路的意思，引申为走路、践履和实践的意思。在现代，"知"是指自然社会、人自身的知识，亦具有理解客体的摹写、选择，创造相统一的认识的意思；"行"是指活动，包括自然、社会生活活动，分为经济、政治、道德、审美、科学、社会等活动或实践。因而，凡是人的创造性地改造客观世界的能动性活动，都是人的实践（行）活动。孔子曾把人分为"生知""学知""困知"三等，如果"生知"是指一些人的资质比较聪明的话，也还是一种先验论，它描述了不同人资质的千差万别，正是因为承认这种差别，所以现代提倡优生。宋明理学家主张"格物致知"，倡导书要一本一本地读，物要一件一件地格，缺了一书或缺了一物，便是知得不全。尽管他们也讲知先行后，但亦重视"行"，朱熹就提出"行重知轻""知行相须互发"等思想，后来王守仁主张"知行合一"，是从"知行互涵""知行并进"等意义上来论述的。但"知行合一"的本旨是"致其本心之良知"，而进入一个更高的精神境界。

知行合一境，比生命超越境高一层次。知识的探求，是为了求真，为了追求真理，中国一些知识分子曾经在一个历史时期内牺牲自己的一切，包括生命、名誉、地位、家庭幸福，等等。然而，求真不仅是一个"知"的探求，还是一个"行"的过程，"知之真切笃实处即是行，行之明觉精察处即是知"，"不行不足谓之知"。只有通过行，才能获得"真知"，"真知即所以为行"。真理性知识的获得，是与科学实验活动、经济政治活动、人际交往活动等相联系的，是在意志自由和行动自由相统一的基础上产生的。知行合一境不仅具有"为天地立心"，而且具有"为生民立命"的意义，使个体生命的存在意义和价值取向在自然、社会中定位，亦使群体生命的存在意义和价值取向在自然、社会中的地位、作用、影响得到肯定。"真"作为知行统一探求的成果，是一种主观境界与客观境界统一的自由。如果说生命超越境的生命自由，还具有一些经验的、情感的因素的话，那么，知行合一境的"真"的自由，便是排除客体异己性和对客体的混沌性的理性把握，是一种理性的自由。

情景互渗境

知行合一境是自由对必然的体认，它比之生命超越境更多地摆脱了客体对主体的束缚，以及主体与客体的对立，给人营造了一种精神自由的意境空间。情景互渗境是心灵与物象、情志与意境的融合，它是情景交融的审美意境，它是情感再现天地造化之工的意境。天地造化之工体现主体的情感，咏物言情，情以物现，这就是美。它是自由经主体向客体，再由客体向主体复归的意境空间。王夫之曾描绘"情景互渗境"说，"情景名为二，而实不可离。神于诗者，妙合无垠。巧者则有情中景，景中情""夫景以情合，情以景生，初不相离，唯意所适"。情景互生，两不相离，情景双收，其妙无穷。情景虽有在心在物的分别，而景生情，情生景，互藏其宅。比如"昔我往矣，杨柳依依；今我来思，雨雪霏霏"。以乐景写哀，以哀景写乐，一倍增其哀和乐。即以乐景写哀情，以哀景写乐情，在哀乐的反差下，更显哀乐情景交融的力度，以及审美的感受。在这里强调情景互渗、交融之美。换句话说，就是情景统一实现后达到主观意境的自由。美作为自我表现的自由，它克服或脱离客体对于主体的束缚，在广阔范围内获得更自由的意境空间。人可以按情而来往于天地之间，凭借自我的格知和体验，领悟和评价，想象和创造，以自我的情感精神活动再现主体人与客体的关系。这样客体不仅不是主体的束缚者，而转变为主体自我表现的手段，主体人便可以依照自己的意志目标再造自我，自我活动的对象连同结果统统被包容到新的"再造自我"之中。因此，情景互渗境是比知行合一境高一层次的境界，它作为一种自我享受的自由，开拓了一个新的情景天地，给人以愉快和审美的情趣、幸福和自我升华的乐感。这种乐感精神是情景互渗境不断升华的结果。

"圣王"一体境

倘若说"知行合一境"体现了真，情景互渗境体现了美，那么，"圣王"一体境便体现了善。这是因为中国古代圣王是真善美的化身及其集中代表。之所以如此，是因为圣王不仅是崇高道德品质的体现者，历史文化的实践者和见证人，而且是社会政治经济的设计者，天、地、人实存价值的创造者，是"为天地立心，为生民立命，为往圣继绝学，为万世开太平"的担当者、责任者。因此,"圣王"一体境是善的优美境界和完满的自由境界。它是一种理想的自由,主体人追求理想、实现理想,人生和人生的活动不再浑浑噩噩,而是自觉的目的,自由的选择。这种理想的追求和实现,就需要主体人的不断自我超越和升华。这就是超越自我的自然属性的冲突,生物生理的欲望和冲动,而创造主体的崇高价值和尊严;超越个体生命存在的利益和需要,把个体生命存在和理想的实现融合起来。尽管宋明理学家提倡"存天理,去人欲",有其消极的一面,但从自我超越的意义上去理解,亦有其合理因素。孟子说:"生,亦我所欲也;义,亦我所欲也。二者不可得兼,舍生而取义者也。"为义理("天理"),而牺牲自己最宝贵的生命,为追求道德完美的价值意义,而超越自我。至于自我的升华,应该说超越就是一种升华,是升华的形式。自我升华既要消解客体的异己性,使客体主体化,又要超越人自身的本能状态,从而进入一个新的领域或境界。"圣王"一体境的实存价值意义和善的自由(包括自然、社会政治、经济、体制、活动、思维的自由),能够创造一个个体和整体都全面发展的富裕、文明、友爱的理想社会。

在这个社会里人人都遵守"己所不欲，勿施于人"的原则，依照"己欲立而立人，已欲达而达人"的和立、和达的原理，处理人与自然、人与社会、人与人、人的心灵以及各文明之间的关系，以达到"圣王"一体境界。

道体自由境

此境界与知行合一境、情景互渗境、"圣王"一体境的广阔、广泛自由相比较，已超越客体的一切支配和束缚，而获得完全自由的境界。有主客之分，主客体必相互制约、彼此限制，而不能达到心灵上的自由境界。人生智慧应超越外在主客之分，也要超越内在主体的主客之分，只有在内外交融、主客交融、"天地万物本吾一体"中，才能获得道体自由。无论是生死的解脱，还是终极的意义，都在道体自由境中得以消解，使它自然而然地融化。这种消解和融化，并非空与屈，而是新境界的创造。作为真善美相统一的道体自由境，个体人和群体人的实存意义和价值得到充分肯定和自由发挥，人自己掌握自己的命运，自然、上帝和神灵都被道体自由境所包容。人的自我决定，自我实现，自我超越，自我创造，用自我的智慧和双手把自我构造得更加完满、优美、至善，把属于自我的世界改变得更加壮丽、灿烂！

人生的生命超越境—知行合一境—情景互渗境—"圣王"一体境—道体自由境五大境界，是上升的价值取向，也是相互联系、相互统一的存在，即使是道体自由境，也不是空虚的境界，而是实存的境界，它是对于主体完全自由的实现或自我和合的实现。

每个哲学家都有各自虚拟、预设的境界，每个哲学学派亦有自己学派所追求的境界，这并不是说要排斥普遍的、同一的境界。"天下同归而殊途，一致而百虑"。各民族、各国家虽各有差分，但在同一"时间性场地"内，在同一的文化传统和历史环境下，在某些方面可以取得共识，而有共同的对境界的追求。笔者所说的人生五大境界，是人类所面对的共同的冲突，所以可以取得某种程度上的认同。

| 生生哲语 |

"己所不欲,勿施于人"的幸福魔方

生活在享受"孔颜之乐",生活在享受"孔贡之福"。有一天,子贡问孔子:有无一句话是可以一生遵行的?孔子说:那大概是"恕"吧!自己所不想要的,就不要加给别人。这是一种推己及人的精神,它诉诸自我内在的道德情感,以大爱与人与物相处。"民吾同胞,物吾与也。"人要以己度人度物,犹如佛教普度众生的精神,它为人类营造了一种内在于人类关系的和谐幸福的原则。

推己及人,人推及己,是一互动对应机制。子贡说:我不想他人强加给我,我也不想强加给他人。是乃济人济物的道德,是仁爱的基始和仁爱的根本。人类生活在每个人都能实现"己所不欲,勿施于人"的环境下,乃是最幸福的。费尔巴哈曾说:"中国的圣人孔夫子说……'己所不欲,勿施于人'……在许多人思考出来的道德原则和训诫中,这个朴素的通俗的原理是最好的、最真实的,同时也是最明显而且最有说服力的,因为这个原理诉诸人心,因为它使自己对于幸福的追求,服从良心的指示。当你有了所希望的东

西，当你幸福的时候，你不希望别人把你不愿意的事施之于你，即不要对人做坏事和恶事，那么，你也不要把这些事施之于他们。当你不幸时，你希望别人做你所希望的事，即希望他们帮助你，当你无法自助的时候，希望别人对你做善事，那么，当他们需要你时，当他们不幸时，你也同样对他们做。"这便是不幸之幸，幸福中之幸福。可名之为"孔贡之福"。

生活幸福是一种纯净清澈、永不止息、充满无条件的爱，是一种"己所不欲，勿施于人"的爱。幸福的源泉只有一个，那就是心灵，是心灵的自我感受，是心灵愿望的一种满足感，是心灵想象的一种实现感。

解读心灵的价值表象，倾听心灵的话语声音，守住心灵的训诫规则，净化心灵的生态环境，使生活幸福为人人所共享。人心千千万，心灵万万千，不同的心灵内外生态环境，其幸福生活感也有天壤之别。

记得1950年我在浙江温州泰顺县参加土改时，俗语讲泰顺三件宝："红薯当粮草，火炉当棉袄，竹篾当灯草。"整天吃红薯当饭，肚子里的油都掏光了。土改队员住在最穷的人家里，同甘共苦。老乡烧菜时，待锅烧热了，用猪皮在锅上转几圈，当作油，转完后拿起来下次再用。因此，盼望每月一次到土改队队部开会"打牙祭"，一般中午一个菜里，会有几块肥猪肉，大家就会轮着用筷子去夹，大家称其为"剿白匪"。觉得吃了几块肥肉很解馋，有一种满足感和幸福感。现在吃肥猪肉，绝大多数人不会觉得是幸福生活。幸福在不同的生活环境、不同的生活境遇中，心灵感受就不一样。所以生活幸福不是可称可量的，是用个人主体心灵来度量的。幸福之所以幸福，是他的心灵上获得了使他觉得满足的东西。

一个国际调查机构，说世界上不丹人的幸福指数最高，不丹是一个不发达国家，换句话说，是一个贫穷国家，为什么认为生活幸福呢？为什么不是美国或欧洲发达国家？为什么当前福利国家陷入债务危机？为什么老牌发达英国骚乱从伦敦迅速蔓延到许多地方，连度假的首相都要匆匆赶回，这是幸福生活吗？

"幸福指数"的魔方，点燃东西方的变数。

成为优美型的人

"优",《说文》:"饶也。……一曰倡也。"《国语·鲁语上》:"小赐不咸,独恭不优。"韦昭注:"优,裕也。""优"有丰饶、充足、充裕的意思,"美"有善的意思。《国语·晋语》:"彼将恶始而美终。"韦昭注:"美,善也。"可见亦有好的意思,《公羊传·庄公十二年》:"鲁侯之美也。"注:"美,好也。"优美就是充足的善,或充足的好。"美"在甲骨文中已出现,上部是一对羊角。下部人的双手舒展,双脚叉开。是人头上戴羊头或羊角,即"羊人为美"之意,李孝定《甲骨文字集释》中说:"疑象人饰羊首之形。"这与中国上古社会的图腾崇拜相联系。随着经济的发展,羊在人们的经济生活中具有重要地位。因此,汉许慎在《说文解字》中说:"美,甘也。从羊从大,羊在六畜主给膳也。"肥大的羊,味道甘美。徐铉"羊大则美",使羊成为六畜中人的主要食品。美便由象形图腾的"羊人为美",转变为以甘味为美的"羊大为美"了。"美"字内涵的变化,体现社会发展所引起的观念上的变化。

优美型既包含善,亦蕴含真;优美型即是真善美的融合。如果说,"和合型"能依据各具特质的人格以及社会关系来处理好人际关系的冲突融合的话,那么,优美型是依据提高人身的素质,以达到和合境界。人格的分裂,既与人格的特质相联系,也受一般社会关系的支配,和合型在充分注意人格特质和调整社会关系基础上,协调人际关系系统内部结构,以求得人格的和合,这是外在的调节;优美型,是通过人的社会实践活动,提高人的思想文化素质、科学文化素质、仪礼道德素质和艺术文化素质,人自身进入一个高素质的精神境界。这种高素质的综合价值指向,便是真善美的合一。这样便能弥合人格的种种分裂,而达到人格和合的优美境界。

人的优美素质的培养,中国古人就已开始注意。孔子在讲到"君子"应具有的素质时说:"志于道,据于德,依于仁,游于艺。"目标在"道","道"是指世界普遍的、根本的道理,终极的伦理价值本体;"德"

和"仁"是讲道德伦理,"得其道于心而不失"谓德,"私欲尽去而心德之全"谓仁;"艺",是指礼、乐之文,射、御、书、数之法等六艺,蕴含着至理和美的内容。道、德、仁、艺在人的素质培养中具有不同的、不可或缺的影响。在现代,人们往往强调政治、道德素质的培养,而忽视艺术素质的修养,孔子就注意到"兴于诗,立于礼,成于乐",肯定文学艺术和审美情趣对于人的政治品质、道德情操的感染和陶冶。怎样才能算是"成人",即优美的人?孔子回答子路时说:"若臧武仲之知,公绰之不欲,卞庄子之勇,冉求之艺,文之以礼乐,亦可以为成人矣。"具有智慧、寡欲、果敢、才艺、礼、乐等素质,就是人格优美的人,即真善美相融合的人。这种优美的人,在孔子那里便是不同人优秀本质的综合,在当时属于理想人格。

真善美三种价值虽有其异,但也有其认同性和整体性。三者的统一融合,是人类所追求的理想境界和价值目标。真善美融合的人格,体现了"天人合一""知行合一""情景合一"三合一的形态。这种三合一的形态,在中国社会的长期发展中不断补充完善。然而,在中国历史上对于真善美的内涵,存在不同看法。老子揭露了当时社会中善恶颠倒、美丑混淆的情形,"正复为奇,善复为妖","善之与恶,相去若何?"主张"绝学无忧""绝化弃虑""绝巧弃利",才能做到"见素抱朴,少私寡欲",而"复归于婴儿""复归于无极""复归于朴",即恢复自然纯朴的状态,也就是老子的理想人格。"婴儿""无极""朴"体现了老子真、善、美相融合的完美人格。因为在这里没有花言巧语、自私自利;没有言行不一、表里不一;没有欺骗狡诈、冷酷无情。老子的无为、不重、自然便是真、善、美的价值指向。孔子与老子相对应,主张有为、仁义、入世,"郁郁乎文哉,吾从周",以"文质彬彬"为审美标准。荀子有融合孔、老的趋向,他把孔、老的有为与无为、人为之美与自然之美统一融合起来,使儒、道互补的真善美统一融合结构得以呈现,并得到后来思想家的发展。

中国古代对于真善美的体认和把握,是与人们思维的发展分不开的。它是从神本位到人本位和从宗教巫术到理性主义的转变,这个转变前者以孔、孟为代表,后者以老、庄为代表。儒道互补,从某种意义上说就是人本主义与理性主义的互补,它影响着中国哲学思维的发展。这样，作为人与自然和谐关系的"天人合一"的"真"，道德知识与道德实践融合的"圣王合一"的"善"，以及作为情感再现天地造化之工的"情景合一"的"美"，得到了历代思想家的关注。

王夫之既讲真理的客观性，又重主体人的能动性，主张"可以通天地万物之理"；在知行关系上，主张"知行相资""知行终始不相离"，以达至善之道；并情景不离，"景生情，情生景，哀乐之触，荣悴之迎，互藏其宅"，比较全面、详尽地阐发了人格的真善美优美和合的境界。

在现代要造就真善美和合的优美型的人格，必须启发人们自觉地进行真善美的修养，完善自我的素质。假如没有真理性的知识素养，没有崇高的道德素养，没有高尚的审美境界和渊博的科学文化素养，就无法摆脱狭隘、愚昧、落后的状态，无法超越人格的分裂。只有把真善美的修养标准、要求、规范转化为自我创造的内驱力，才能造就优美型的人格，创造人际融合的氛围。和合型和优美型的人格与人际关系是现代社会的需要。

| 生生哲语 |

知易行难

过是不是，不及亦不是；过是非礼，不及亦非礼。凡事讲究一个度。穿过时空的隧道，公元前532年，晋平公死了。各诸侯国派大夫去晋国参加晋平公的葬礼。郑国大夫子皮准备带着厚礼去见新君。子产劝阻说："参加葬礼，怎么带厚礼去见新君呢？厚礼一定要用一百辆车，一百辆车要一千人，一千人到晋国，一时回不来，礼物一定用尽。这样巨大的花费，浪费几次，国家还有不灭亡的吗？"

子皮不听劝告，带着厚礼去了。

葬礼结束后，要求拜见新君。叔孙昭子说："这是不合于礼的。"

子皮花完了厚礼，回来有所反省，他对子羽说："'非知之实难，将在行之。'子产老人家知道这个礼，我对这个礼知道得不够。《书》上说：'欲望败坏法度，放纵败坏礼仪。'说的就是我啊！我放纵欲望而未能克己。"

不患不知，而患不行。知道一件事物、懂得事物道理并不难，把它付诸实行就难了。知道理与行道理有了冲突，开启了中国哲学史上知行难易的论争。

《尚书·说命》中把子皮的这句话表述为"知之非艰，行之惟艰"。清代学者认为梅赜所献《古文尚书》为伪书，便以知易行难命题不可能在殷商、西周时提出，不然《左传》为什么会在此句话前加《书》曰的字！

几千年的知行难易话题在延续，左丘明唯恐忘却，一再提醒。此前曾经发生过这样一件事：州县这个地方本是栾豹的采邑，栾氏灭亡后，范宣子、赵文子、韩宣子都想要这块地方。

文子说："温县，是我的县。"

两个宣子说："从郄称划分州县、温县以来，已传了三传了，晋国把一县划分为二，不仅这个地方，谁能按照划分前状况去治理呢？"

赵文子觉得很惭愧，就放弃了。

两个宣子说："我们不能口头上公正而自己去得到它。"因此，也放弃了。

到了赵文子当政，赵获说："可以把州县拿到手了。"

赵文子斥之说："出去！两宣子的话是符合道义

的。违背道义,就会招来灾祸。君子说:'弗知实难。'不知道灾祸是很难的,但知道了不去做,灾祸就会更大,就不要再提州县的事了。"

知道一件事尽管也很难,但不去做,问题更大,灾祸无穷。

第七章

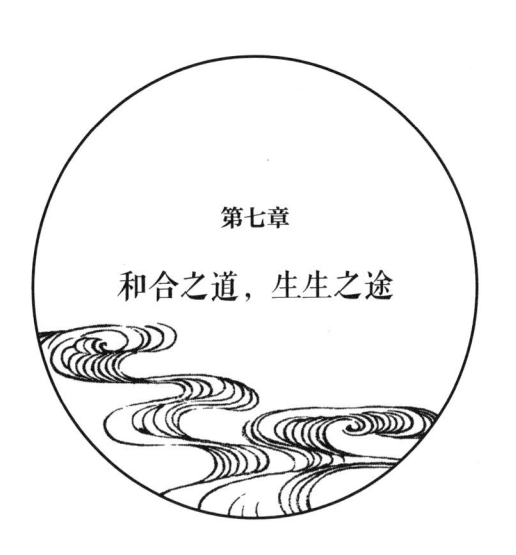

和合之道,生生之途

在信息智能时代，人类作为在世的"灵明"之物，受到颠覆性的挑战，如阿尔法狗战胜世界围棋冠军。回顾人类演化的历史，从过去的"驿站"，现在的"驿站"，走向未来的"驿站"，永无止境。换言之，是从一个"洞穴"、一个"洞穴"，走向一个个"洞穴"，即从一个光明、一个光明，走向一个个光明，无穷无尽。每一个驿站和洞穴，都是追寻光明之道的煎熬和炼狱，都是千丝万缕关系网络的聚合点、联系点和休息点、起步点。囚禁在洞穴里的人，无时无刻不在追求自由和光明。人类是过去、现在、未来的融突和合，是洞穴和驿站的化合体。

认识自己，认识生活

在智能网络铺天盖地发展之际，生活在世上的人，是宇宙时空中千丝万缕的交感联通、智能相应的网络凝聚点、纠缠点。政治、经济、文化、科技、宗教、军事网络，皆是人的智能赋予的研发、创造而存有；价值观念、伦理道德、风俗习惯、审美情趣、意识形态、思维方式，亦都化合在世人的精神（灵明）之中。这便是人类生活于其中的在世生活世界，是在场的"洞穴"或"驿站"，过去与未来是不在场的"洞穴"或"驿站"。然而，过去虽已过去，但它已把精华留在人间；未来虽未到达，但已在不断跋山涉水的途中。过去、现在、未来三维融突和合，过去即是现在，现在即是过去，过去的脐带，现在不能割断；现在即是未来，未来即是现在，未来融入了现在。无论是过去，或是未来，都离不开现在；无现在，便既没有过去，也没有未来，无过去与未来，也便没有现在。在过去与未来的融合中，现在才获得现实的在场现在，这便是人的生活世界，或曰生活境界。

在生活世界的三维时空里，天堂是宁静的，大地是纯朴的。自从天地间有了人，人为了能够创造历史，必须能够生活；为了生活，必须满足吃喝住穿用；于是宁静变成喧闹，淳朴变得错综，人际化为复杂。既有锦衣玉食者，亦有饥寒交迫者；既有富丽堂皇的别墅，亦有不遮风雨的陋室；既有腰缠万贯的为富不仁者，亦有艰苦奋斗的己欲达而达人者。人生在世，就像万花筒，没有什么比生活更能包罗万象。生活穿行在人类存在的日常之中，渗透在精神生活内，锦衣玉食者的心灵不一定比饥寒交迫者坦然，居富丽堂皇者的精神不一定比不遮风雨者坚强，腰缠万贯者的灵魂不一定比达己达人者纯洁。生活世界往往是平衡、平等、公平的。老子说："有无相生，难易相成，长短相形，高下相倾，音声相和。"有无、难易、长短、高下、音声，都是相对而生成，体现和谐存在。若做到平衡、平等、公平地和谐存在，在世的生活世界应该"高者却之，下者举之，有余者损之，不足者补之。天之道损有余而补不足,人之道则不然,损不足以奉有余"。老子反对在世世界损不足以奉有余,这样必然是富者越富,贫者越贫,贫富不均的差距越来越大,是当今世界不安定动乱的原因。

"认识你自己",才能认识生活,生活世界的历史,提供了认识你自己和他者以及他者的他者的本真。生活世界史是充满冲突、融合,又冲突、又融合;危机、化解、又危机、又化解的循环往复、错综纠缠地演化着,不知何时有尽头。人们就在此感同身受的生活世界中,发现了生活世界,也拥有了生活世界。

每个人各自拥有各美其美的生活世界,可以超拔为生活境界。生活境界是人自然而然地受生活于在世的宇宙自然、社会环境、伦理道德、礼仪氛围、风俗习惯、意识形态、价值观念、审美情趣的整个网络控制和制约的。这种网络控制和制约不断交织,积累多了,便豁然开朗并内化为一种生活方式和精神心态,这是无穷的网络控制与制约的一种境界。作为生活方式和精神心态的生活境界是客体社会历史演化过程和主体智能创造的自由选择的融突和合,它观照着人生活于其中的境界的实在存有。

生活是身心的倒影

理想就是生活,理想境界就是生活境界。思维是想象的万花筒,是无穷无尽错综复杂的交感联通起来的一张张"精神图片"。这一张张"精神图片",既贴近又度越在世的生活实在。概而言之,思维是在客体的实存与主体的智能创造、融突和合中,通过概念的分析、综合、判断、推理、抽象、概括的智慧活动,既存有又超越,既内隐又外显地表现出来的。思维着的生活境界,不是僵死的抽象概念,而是鲜活的不断绽放的花朵。

生活境界是修身养性的自觉、自立、自律成果,是明明德的逻辑进化。"物格而后知至,知至而后意诚,意诚而后心正,心正而后身修,身修而后家齐,家齐而后国治,国治而后天下平。"朱熹解释说:"修身以上,明明德之事也,齐家以下,新民之事也,物格知至,则知所止矣,意诚以下,则皆得所止之序也。"修身以上为内圣之事,齐家以下为外王之事。熊十力认为,内圣与外王可以"直通",牟宗三认为是"曲成"。内圣与外王的融突和合,便达到人生活于其中的道德最高境界。换言之,为天人合一的境界。

生活境界是审美情趣的实现之境，而此境也可谓"神与物游"之境界。刘勰在《文心雕龙·神思》中说："思理为妙，神与物游。"神居胸臆，审美就是神与物精神交流、交往，在神与物的互动中融突和合，便呈现为一种虚幻的美好的景象，而获得一种美的感受，兴起人的喜悦的情趣。这是以景寓情，以物写心的演化。由形入神，是人化了的形象，亦为神化了的形相，此形相是神观照的形，形内化为神，神超于象外，而神贵乎形。"神贵乎形也，故神制则形从，形胜则神穷。聪明虽用，必反诸神，谓之太冲"。神统形，形从神以合，若形胜神，则丧神，聪明用于外，神于内以守，神安而形全，这便是形神和谐、协调的审美情趣生活境界，是缘神感物，神投射于物，物是神化之物，神是物化之神，形神不离而不二。审美情趣之审美呈现为境。王昌龄的《诗格》认为有物境、诗境和意境。境生象外，度越物境，进而神物融合，为心境与物境的和合，心境即物境，物境即心境。"境非独谓景物也，喜怒哀乐亦人心中之境界。故能写真景物、真感情者，谓之有境界，否则谓之无境界。"物境与心境的冲突融合而和合，亦即真景物与真感情的融突和合。

在世界之中发现人

生活境界是人在"认识你自己"中的自我觉醒和体悟,是对生命的尊重和敬畏。人不仅是天地之精英,五行之秀气妙聚而有,而且有异于有机物、无机物以及草木禽兽。人是能体悟到"天命之谓性"的具有历史使命和担当的存在者。尽管在人与人、人与物的网络关系中,有你、我、他之别,然而,人类与天地万物共同生活在这个地球上,之间呈现为交感联通、智能相应的关系,人类应有与物(机器人)同体的仁者情怀。二程说:"仁者以天地万物为一体,莫非己也。认得为己,何所不至?若不有诸己,自不与己相干。如手足不仁,气已不贯,皆不属己,故博施济众乃圣之功用。"万物联通,人我、物我息息相关,不能间隔。这是因为"一人之心,即天地之心。一物之理,即万物之理。一日之运,即一岁之运"。把一心、一理、一运超拔为普遍的心、理、运,是为形而上之心、理、运。所以"大其心,则能体天下之物,物有未体,则心为有外。世人之心,止于闻见之狭。圣人尽性,不以见闻梏其心,其视天下无一物非我。孟子谓尽心则知性知天以此"。扩展推至其心,视天下无一物非我，便能体悟体贴天下之物，这不仅是对万物的尊重，也是对万物生命的敬畏。万物的生命与我的生命一样需要爱，一样需要尊重和敬畏。唯有如此，生活境界才是美好的、和谐的。

生活境界是人生活在世界之中的境界，既是时空性网络的地域，亦是被人的精神境界所观照的世界，这个世界既真又假，既实又虚。所谓生活境界，是指人在一定人文语境中及社会政治、经济、文化、伦理、风俗、宗教环境下，人的过去、现在、未来三维所构成的经历、感情、欲望、爱好、出身、习惯、人格、理想积聚妙凝成一种生活心态和生活方式。它呈现为宇宙观、世界观的状态，价值观的认定，生活观的选择，人生观的塑造，道德观的识别，以达心灵的自由及生活境界的真善美。

体悟生命，提升境界

自古以来中华民族的先圣先贤们便孜孜不倦地追求、探赜思想精神境界。境界，多少人渴望它、向往它、追求它、梦想它。因为它是人的生命的自觉。生命经历了生理体能的需要、生存存在的需要，到心理的需要、文化教育的需要、思想精神的需要，再到境界的诉求。境界的诉求作为生命的自觉，既是对生命的关爱，也是对生命的享受；既是人生的一种觉醒，也是对人生境界的一次追求；既是一种心态之乐，也是一种心情的愉悦。"云淡风轻近午天，傍花随柳过前川。时人不识余心乐，将谓偷闲学少年。"这种心乐是云淡风轻、傍花随柳的情景，是生命怡然自乐的意境，也是与天地万物同乐的精神境界。

境界是人的生命的"烈光"。《诗经》载："龙旂阳阳，和铃央央。鞗革有鸧，休有烈光。"郑玄笺："求车服礼仪之文章制度也。交龙为旂。鞗革，辔首也；鹤，金饰貌。休杰者，休然壮盛。"以盛壮的烈光，比喻生命的境界。孟子曾把烈光的盛壮之美的境界，分为六个阶段。当浩生不害问何为善？何为信？孟子答曰："可欲之谓善，有诸己之谓信，充实之谓美，充实而有光辉之谓大，大而化之之谓圣，圣而不可知之之谓神。"善、信、美、大、圣、神，是人的生命精神的六境界。

人的生命精神的六境界

善是生活境界的第一层次，朱熹说："天下之理，其善者必可欲，其恶者必可恶，其为人也，可欲而不可恶，则可谓善人矣。"善良的人必为人所喜爱，恶人，必为人所厌恶，做人要做人人喜爱的人，而不做被人所厌恶的人，便是善人。善是内在的精神境界。

生活境界的第二层次为信。朱熹解释说："凡所谓善，皆实有之，如恶恶臭，如好好色，是则可谓信人矣。"善的具体表现之一，便是诚信，比如厌恶不好的臭味，便引起人的感觉和精神的厌恶，喜好的颜色便使人感到精神的愉悦。这种好好色、恶恶臭是人"有诸己"的对于审美对象、对于实存自己的一种真实的感受或审美判断。

生活境界的第三层次为美。如果善与信是就内在性的心上说,心上理会。那么美是一种引起感性的愉悦和心性精神的外在形式。朱熹说:"力行其善,至于充满而积实,则美在其中而无待于外矣。"善与信的融突和合,是人原具有的本色,这是诚信的力行其善,善与信充满积实,美就自然在其中了。善与信是美的内在的基础,是人的本质特征,不是把外在的注入其中,到外面讨了善信注入人性之中,若如此,便有待于外了,而非无待。无待就是由善信充满积实,美在全体人格中充分地实现着实有的善信美。

生活境界的第四层次为大。朱熹解释说:"和顺积中,而英华发外,美在其中,而畅于四肢,发于事业,则德业至盛而不可加矣。"由善、信、美和谐柔顺积聚于心性之中,外发英华、畅于四肢、发于事业,是一种生活境界壮盛之美的"烈光"。

生活境界的第五层次为圣。朱熹说:"大而能化,使其大者泯然,无复可见之迹,则不思不勉,从容中道,而非人力之所能为矣。"如果"大"外发为迹的话,那么,圣为所以迹,已化去大的外在形式或现象,而进入或升华为一种不思虑、不勤勉,符合中道而不违戾,外在的善的迹已融化到内在的善之中,这是一种自然的非人力智能所能为的境界。

生活境界的第六层次为神。朱熹引程颐的话说:"程子曰:'圣不可知,谓圣之至妙,人所不能测。'"这是一般人不可测度的神妙境界,也是非一般人所能达到的最高的价值理想境界。此六境界是生命的烈光内外融突和合妙凝而成,是由内在的善信,外化为大美,又由外内化为圣神的逻辑演化序列,是迹与所以迹的"神与物游"的自然美妙的景象。

在生命中发现人的自觉

境界是人的生命的创新。世事既殊,物象已变,心随物异,新意时出。在此信息智能革命的时代,人的思想步伐总是紧随时代而行,每迈一步,都是一次思想的惊异,一次对思想的撞击。在这一次次的惊异、撞击中,不知不觉中触发那最敏感的思维亮点,而迸发出智慧的火花,或在无意中、闲谈中观察到、体悟到某一现象,猛烈地刺激着某一长期思考而未能解决的难题，突然豁然贯通、迎刃而解，使人的思维迈入一个神奇的境域，人的生命智慧实现最美妙的创新光辉。

境界是人的生命的自由，生命的价值在于自由，生命的意义在于逍遥游。生命诚可贵，只为自由故。孔子曾赞赏曾点的自由："暮春者，春服既成，冠者五六人，童子六七人，浴乎沂，风乎舞雩，咏而归。"暮春三月，穿着春装，曾子与五六个成年人，六七个小孩儿，在沂水边洗洗澡，在舞雩台上吹吹风，然后唱着歌一路走回来，这是一种自在、自乐、自然的情景交融的生命自由境界。这种境界是儒道共同追求的，庄子在《逍遥游》中说："北冥有鱼，其名为鲲。鲲之大，不知其几千里也；化而为鸟，其名为鹏。鹏之背，不知其几千里也；怒而飞，其翼若垂天之云。是鸟也，海运则将徙于南冥。南冥者，天池也。"庄子打开一个无限的境界，度越时空的局限，突破世俗的牵累，抛弃精神的桎梏，解放偏见的枷锁，自由自在地翱翔于天地太空之间，这是道家所梦想的自由境界。

境界是人的生命的快乐。快乐是一种享受，一种幸福。人融入人民，与人民共同享受快乐，才是真乐；

与百姓共同享受幸福，才是真幸福。但人世间纷纭，人人思想观点分殊，或以拥有财富为乐，或以享受美女为乐，或以掌握权势为乐，各以其乐为乐。如何树立正确的快乐观，中华先贤认为，"学而时习之，不亦说乎？有朋自远方来，不亦乐乎？人不知而不愠，不亦君子乎？"学了又不断地练习，不是很愉悦吗？有志同道合的人远道而来，不是很快乐吗？人家不理解我，我也不抱怨，这不是正人君子吗？在任何情况下，都应保持乐观的心态。孔子所提倡的是精神的快乐，是安贫乐道的乐，是人格投入求道的乐。"饭疏食饮水，曲肱而枕之，乐亦在其中矣，不义而富且贵，于我如浮云。"吃粗饭、饮白水，用臂膀当枕头，快乐就在其中了，用不正义的事和方法得到富贵，于我如浮云。用贪污受贿或诈骗得到的富贵，时时担惊受怕，唯恐受惩罚，就没有快乐而言。唯有志于求道，即使穷困，也像颜渊那样，"一箪食，一瓢饮，在陋巷，人不堪其忧，回也不改其乐。贤哉，回也。"孔子赞扬颜渊的贤德，即使贫贱也不改变其求道的乐趣，这种度越了钱、色、权的趣味，而心怀"志于道"的信念，是积极的、乐观的人生精神境界。

境界是人的生命的和合。和是一口一禾，是有饭吃。民以食为天，食是人天大的事，否则人会饿死。合是一人一口，即人人有饭吃，这是快乐的事，人人生活安定，吃饱穿暖，便进学校接受教育，提高道德素养，"商契能和合五教，以保于百姓者也"。韦昭注："五教：父义、母慈、兄友、弟恭、子孝。"伦理道德教化，家庭和睦，家和万事兴。中国是家国同构的社会，家为国家最基本的单位，家和则社会安定、国家兴旺。管子说："蓄之以道，则民和；养之以德，则民合。和合故能谐，谐故能辑，谐辑以悉，莫之能伤。"道蓄民和，德养民合，人人有了道德修养，便和合，和合所以和谐，和谐所以团聚，和谐团聚就不会互相伤害，和合是人的价值理想的精神境界。

境界在人的生命的自觉、烈光、创新、自由、快乐、和合的精神状态下，收到了"纤云四卷天无河，清风吹空月舒波"的意境，无论是儒道禅，抑或是墨名法，都有其价值理想的境界，其源远流长、博大精深的境界观，是中国文化和世界文化宝库中的一颗颗璀璨的明珠。

和合之路,生生之途

和合生活境界论是中华文化的精髓,是中国哲学精神之所在。中国哲学理论思维的重要特征,说到底不是西方的实体论形式,而是和合论形式,它蕴含着人类生活境界论的含义。和合生活境界论具有差分性、矛盾性、和谐性、合作性的多元性,它既寂寞不动,又感而遂通;既虚灵不昧,又神妙莫测。故而儒家追寻修身养性、内圣外王的圣人生活境界,道家追求自然无为、羽化飞升的神仙生活境界,墨家实践兼爱交利、天志非攻的夏禹生活境界,佛教寻求万法唯识、一悟知佛的释迦生活境界。

在当前信息智能时代,人类面临着前所未有的惊异和挑战,重视和提升人类精神生活境界,具有空前突出的重要意义。在人类运用互联网、物联网、大数据、云计算的当下,人类自我的主体性、自主性、主动性、主决性、主宰性强化的情势下，若无一种人类命运共同体的情怀和为人类谋和平、发展、合作、共赢的人生生活境界的精神，而从私利、功利、欲利出发，不是"己所不欲，勿施于人"，而是"己所不欲，要施于人"；不是"夫仁者，己欲立而立人，己欲达而达人"，而是"不仁者，己欲立而使人不立，己欲达而制裁人不发达"。唯有己立、人立，才能安立；己达、人达，才能真达。不安立、真达，世界就会不安定，人类就会遭殃，这是当下的现实，这就是为什么要重视、提升人类生活境界的因缘所在。

"浮云时事改，清风月舒波。"世界的事态像浮云一样时刻变化改观，出人意表，清风吹醒朦胧的人类，而见月色的光辉。人生生活境界的实现就像一阵清风，是人的精神的升华和享受。其轴心原理，或曰核心原理是圆通天地人三界，即和合学中的和合生存世界（地）、和合意义世界（人）、和合可能世界（天界）。三界融突和合，构成人类生活境界的逻辑网络系统。

和合是妙凝中华民族五千年来智能创造的理论思维的精华和首要价值，是先圣先贤探赜索隐、钩深致远的和动力；是多元一体、永不分裂的和生力；是互学互鉴、互利互赢的和处力;是克难攻坚、自强不息的和立力;是开放包容、发展繁荣的和达力;是泛爱众、兼相爱的终极关切的和爱力。这便是人生价值理想至真至善至美,亦是和合可能世界人生生活境界的终极的"和"境。

附录 和合箴言

"自我"之问

"我"是所有观念的出发点和归宿点

路是人走出来的,老路平坦无风险,但不激励人。走别人没走过的路,虽荆棘丛生,陷阱遍布,总是自己走出来的。

生是偶然,贫富贵贱不能选择;死是必然,天灾疾病不能选择。人要掌握自己的命运。

人仍处于迷途之中,继续在迷途中行走,还没有穷尽,还没有觉醒。

人要冷眼看自己,冷眼看世界,才能接近自己的真面目,接近世界的本真。人无诚业难立,人无信事难成。

我是世界上第一个词和最后一个词,我是所有观念的出发点和归宿点。

"老好人",里外不是人

人生在世,酒色财气。看见的没看见,没看见的看见。看见的没看见,心如止水;没看见的看见,警钟时鸣。

人活得很累。累得智,心满意足;累得愚,心灰意冷。

人要学会生活,在生活中游泳,破浪前进,摘取金牌;在生活中沉沦,浪费年华,一事无成。

"老好人",里外不是人。"文化大革命"中有造反派(革命派)、保皇派(保守派),还有逍遥派。在是非不分、敌我不明、善恶不辨、保革不别时,逍遥是理智的,是清醒的。

不断反省,正视得失

有得必有失,有失必有得;只要得是贪婪,只有失是痛苦;贪婪用失去冲淡,痛苦用得去补偿。

得意时不沾沾自喜,失意时不垂头丧气;得意时俯首，夕惕若厉；失意时仰头，奋勇向前。

"木秀于林，风必摧之"，高于人，人必排之。聪明的人收敛自己，低调做人做事，海阔天空。

"认识你自己"，不断反省自己，批判自己，才能进步。

人向八方去，心自四面来。最卑下的就是最高贵的。自以为最高贵的，心是最肮脏的；自己甘为卑下的，心是最纯洁的。

唯一否定你的人，是你自己

人的一生是在别人的议论中长大的，一生没被人议论过的人，在世上是不存在的。听不听别人的议论，计较不计较别人的议论，是对一个人涵养、品德的考验。

嘴巴是别人的，由不得自己。人生是自己的，自己要走的是属于自己的道路。

在世界上，遭受人无情地冷落、批评、否定、排挤、打击时，不要唉声叹气、自怨自艾。唯一否定你的人，不是别人，是你自己。

别人浇的冷水，能激起你的热情和清醒。不要以为别人给你泼冷水是害你,而应感谢他的冷水,给你的是理性和聪明。

脚步向上,眼睛向下

人的一生是在爬梯子,从幼儿园向上爬,爬上小学、中学,过五关斩六将的考试关,爬到大学、硕士、博士、博士后,总算到顶了。

在爬梯子的过程中,有人掉下来,爬到顶是万幸,也要下来。参加工作,从最普通的职工做起,又往上爬,但无论如何也要下来,赖着不下,结果不幸。

人的一生,总是有上有下,下是永恒的,最终入土为安。脚步向上,眼睛向下。

爬梯有道。无道爬梯,注定要中途摔下,那就惨了。

"心"的智慧

挽救

挽救失望的方法是希望,挽救痛苦的良方是幸福,挽救悔恨的措施是真爱。人要在心中保留着那栩栩如生的形象,时时温暖着心中的凄凉;人要在心中铭记着那璀璨如花的笑脸,刻刻温馨着心中的孤独。

人活着就要活出生命的坦然、活出生命的自在。人被心役,活不出坦然;人被物役,活不出自在。走出被役,才有坦然自在。

三分之一

人心有1/3属于过去,有1/3属于未来,只有1/3属于现在。回忆过去,给自己以力量,给予未来,是实现理想;留在现在,是要珍惜。

人的一天,1/3时间是在床上度过,1/3时间是在办公室工作，1/3时间是在做饭、吃饭、洗碗等，真正从事研究的时间很少。唯一的方法只有挤时间，使劲挤，才有一点点，不挤时间就溜走了。

人总是被时钟撩拨睡去的人生，它要把人生带走。人生无论如何挣扎，也敌不过时钟的声音。

包容万物的心

人总是渴望别人理解自己，而不埋怨自己不理解别人。人总是要求别人对自己包容，而不想自己要对别人包容。理解别人的人得别人理解，包容别人的人获别人包容。

人活着总会被形形色色的烦恼、焦灼、郁闷、痛苦所纠结，而宁静、淡泊、平凡、理解却成为稀缺品。

空灵的心，包容一切烦恼，向往一切博大，搏击一切理智，消化一切不幸，弥补一切损伤。

人生难得幸福

幸福如影子，当你拼命追赶它时，它离你远远的；当你淡然处之时，它离你近近的。

人生难得一幸福，得到了又失去了，反反复复，不可捉摸。我想拥有它，它却拥有我，不知谁拥有谁。

人生就像核桃肉，凹凹凸凸，经此，才能懂得人生。

人只有目睹了受奴役、受踩蹦，才会更珍惜自由；人只有遭受种种挫折、不幸，才更期盼幸福。

一个人做自己喜欢做的事，就是幸福，幸福不神秘，就在我们日常生活里。人只有意识到自己的自尊和价值，才能真正摆脱磨难，创造人生，享受幸福。

自尊无价。

看得开，放得下

有一颗爱心，才能容人、容物。有一颗平常心，才能禁得起批判、冤屈。

凡事看得开，看得开就能放得下，放得下就会心平气和，心平气和就不伤心、不伤肝、不伤肾。

别人骂我，我不回应，骂则由他，我还是我。

我不说人坏话，不卷入矛盾。与人冲突，费神费力，浪费精力、青春，糟蹋生命。

别人的批评，是宣传你的学说思想，应鼓掌欢迎，一个学术观点，无人批评，就不会有社会反响。

海纳百川，有容乃大。怕人批评，封闭自己，没有出息。

别人对你好要记住，别人对你不好要忘掉，才有自由自在身。

"爱"的本质

仁者爱人

爱是一股暖流,可融化坚冰,可穿越千山,不怕烈火烧灼,不怕狂风巨浪,永远守着一份"爱"。

爱是道德的升华。孟子有言,"仁者爱人",推己及人,推己及物;"仁民爱物",赋予天地万物以普遍的爱;爱是义,对自己要"舍生取义",爱比生命更有价值;"重义轻利",义比利更重要。爱是礼,相敬如宾,尊重对方人格尊严;爱是智,是智慧的结晶;爱是信,诚信是爱的生命线。诚者实也,实而心心相印,信而坚贞不二。

爱情是以生命换来的,金庸《神雕侠侣》中的杨过与小龙女的爱情是圣洁的,是度越生命的。

"生命诚可贵,爱情价更高",比生命和爱情更可贵的,就是自由。但爱情不可亵渎。

爱情在世俗中成为金钱的代名词，成为房子、车子的绑架者，神圣的爱情被出卖了。

回归爱的本真

爱情是一融突而和合的过程。

爱情若缺乏爱的灌注，爱情之花就会凋谢，此时灌注爱，为时已晚。爱情是两人整体心灵的重叠，没有一点保留，也没有一点隐藏，如水晶一样透亮。

结婚是生命与生命的贯通圆融，离婚是生命与生命的撕碎，这是哀与乐、悲与喜的体验。

情可追忆，一生不忘。情而无情，无情也有情，忘不掉那流过的水、踩过的草，却记录着无情之情。

不要埋怨别人不爱你，是你要先去爱别人。婚姻是男女双方个人利益最大化的结合。

爱情的坟墓，是上帝用来折磨世间男女的一种游戏。宁可坐在宝马车里哭，也不坐在自行车后笑，这是爱的坠落。

爱的力量

爱是天长地久，爱是真心信任，爱是无限宽容，爱是甘醇美酒天长地久，不靠契约，是心缔结的理性真心信任，不靠监视，是放心给其自由。无限宽容，不是任性，是爱心的包容。甘醇美酒，越陈越甘醇，越喝越有味。

爱得愈热闹，去得愈速；爱得愈平静，永不失去；爱得愈繁华，落差愈大；爱得愈纯真，白头偕老。

爱是人类最伟大的力量。爱给人生命，使人进行改过从善的反省；爱给人动力，使人鼓起攀登高峰的勇气；爱给人光明，使人焕发出无穷的热情；爱给人智慧，使人克服艰难，勇于创新；爱给人青春，使人有第二次生命；爱给人幸福，使人立己立人；爱给人快乐，使人忘掉一切烦恼。

善意的批评是爱，恶意的批评也是爱，只不过是另一种爱。善意的要感激，恶意的也要感激。善意的以德报德，恶意的以德报怨。

女人是和合剂

女人是一个大熔炉，无论是坚如钢铁，还是冷若坚冰，在这个熔炉里，都会熔化而团聚在一起。

女人是一个母亲，是孩子的母亲，给孩子以最伟大的母爱。她有重新点燃丈夫智慧之光的魅力，是化解丈夫种种困难、烦恼失望的动力，给丈夫重新振奋精神、克服千难万苦的推力。

女人是和合剂，上下左右的紧张冲突，东西南北的摩擦碰撞，都在她的微笑中化解。

婚姻的意义

女人的感情要在丈夫与孩子之间平均分配，不平均会引起一方的不满。

婚姻的意义就是在你疲惫不堪时，有人给你献上一杯温暖的咖啡，使你的身心得以温馨宁静；在你遭受挫折打击时，有人用轻声细语拥抱你的心灵，使你顿时神清气爽。

婚姻的港湾，是抵挡任何狂风巨浪的天堂。婚姻是一把双刃剑，它能使人成功，也能使人毁灭。

选择何种活法

生命的意义

生命是一条流淌着的河流,有开始的一天,也有结束的一天,睿智会在开始与结束之间开出另一条河流,这就是立德、立功、立言的大河流。

世上万事万物都在受苦、受气、受累中成长,在顺风顺水中长大的事物禁不起风吹浪打。"活着就为改变世界。"这听起来有点狂妄,人没有这样一点狂妄的品格,就没有冲决现有网罗的勇气,站在创造的前头。

真正的名人,是在浮躁和喧嚣的物欲世界中甘坐冷板凳的人。从爱尔兰移民美国的肯尼迪家族,爱德华·肯尼迪牢记父亲帕特里克·肯尼迪的教诲:"永远不言弃,绝不被动接受命运。"面对厄运要抱积极乐观的心态,至少有成功的机会;若抱消极悲观的心态就只有失败等着你。

生活的意义是你心的指南针。人生不免要遭遇黯淡无光的日子，只要内心的修养越来越厚重，无上光明就会来临。

烦恼的根源

烦恼是由于停滞，停则动，滞则流，流动是医治烦恼的无上良方。烦恼是由于穷困，穷则变，困则通，变通是挽救烦恼的灵丹妙药。烦恼是由于迷惑，迷则觉，惑则悟，觉悟是扫除烦恼的根本方法。烦恼是由于执着，执则开，着则放，开放是冲决烦恼的最佳选择。烦恼是由于孤独，孤则群，独则众，群众是开启烦恼的金钥匙。

宽容带来快乐

人从母体的怀孕开始，就告别了孤独，孤独是人自己给自己设计的陷阱。郁闷使亮丽的生命黯淡，郁闷需要阳光照亮。

嫉妒是心灵空虚的表现，是自卑心态的反照，是自己为自己制造的地狱。

宽恕是一种责任，你对别人宽恕，别人才能真心对你。

你能同你最不愿交往的人打交道，体现你的宽容；你只同你最愿交往的人打交道，体现你的狭窄。宽容给你快乐，狭窄带来孤独。

退一步，海阔天空

会放手，才会有收获；放得下，才能拾得起。

真善美的人与事，激起人心底的浪花，抚慰人疲惫的心灵。

名声是一种很累的负担，会议多、邀请多、电话多、评审多、陪客多、题名多。干事少了，研究少了，讲课少了，成果少了，脑子空了，但趋之若鹜。

退出是一种睿智的选择。当官久了要退出，好让新人上来；工作久了要退出，好让别人就业；人当久了要退出，好让新生儿诞生。

人生犹如马拉松赛跑，后者总想超过前者，前者又想超过更前者，到了终点都要停下来，有始必有终。

没有轻而易举的成功，没有不坐冷板凳的大师。大师意蕴了艰辛和荆棘，成功包含着牺牲和误解。

生活中冲突随时发生，当人处于"飞龙在天"的优势时，若能有卓越的智慧、范蠡的精神，退一步，既给对方一个体面,又为自己创造海阔天空。

有的人能共患难,不能共享福,范蠡帮勾践复国灭吴,功成身退,成为大富翁;文种不听范蠡"飞鸟尽,良弓藏,狡兔死,走狗烹"的劝告,结果身首异处。

可以共同艰苦创业,不能共享创业成功。人总在怜悯心与嫉妒心之间徘徊而不能自拔。

三四之理

人有四难得:难得糊涂,难得装聋,难得作哑,难得假笑。不糊涂就会斤斤计较,不装聋就会事事生气,不作哑就会处处得罪人,不假笑就会说你冷面无情。

人有四不争:不争地位,不争名誉,不争钱财,不争爱情。不争地位,同事和谐;不争名誉,心安理得;不争钱财,全身舒畅;不争爱情,自然来到。

人活着有三累:计较别人怎样看自己,计较与别人攀比,计较自己心中的魔鬼。

人有四畏:畏接小孩班主任电话,畏老婆唠叨没完没了,畏过年买不到回家的车票,畏亲人生病排队挂不上号。

作者简介

张立文，1935年生，浙江温州人，著名哲学史家和哲学家，现任中国人民大学哲学院荣誉一级教授、中国人民大学孔子研究院院长，兼任尼山世界儒学中心学术委员会主任、中国周易研究会副会长等。张教授50多年来长期耕耘于中国哲学，后创立和合学，建构了中国哲学逻辑结构论、传统学、新人学的理论思维体系。主要著作有《中国哲学逻辑结构论》《新人学导论》《和合学——21世纪文化战略的构想》《和合生生论》等。

图书在版编目（CIP）数据

我们如何去生活 / 张立文著. -- 北京：中国青年出版社，2024.3
ISBN 978-7-5153-7228-0

Ⅰ.①我… Ⅱ.①张… Ⅲ.①和合—人生哲学—研究 Ⅳ.① B2 ② B821

中国国家版本馆 CIP 数据核字（2024）第 000355 号

版权所有，翻印必究

我们如何去生活

作　　者：张立文
明见系统总策划：默公
选题策划：吕娜
责任编辑：吕娜
助理编辑：史晓琳
书籍设计：瞿中华
出版发行：中国青年出版社
社　　址：北京市东城区东四十二条 21 号
网　　址：www.cyp.com.cn
经　　销：新华书店
印　　刷：山东新华印务有限公司
规　　格：787mm×1092mm　1/32
印　　张：8.5
字　　数：130 千字
版　　次：2024 年 3 月北京第 1 版
印　　次：2024 年 3 月山东第 1 次印刷
定　　价：69.00 元
如有印装质量问题，请凭购书发票与质检部联系调换。联系电话：010-57350337